すべては
魂の約束

親子、夫婦、友人、自分自身――
本当に幸せな関係を築くために

山川紘矢
山川亜希子
（聞き手）磯崎ひとみ

BAB JAPAN

我は魂なり。
永遠にありてあるもの。

私たちは一人ひとり、
肉体という衣をまとった
魂の存在です。

今、このとき、
この地球に
生まれることを自ら選び、
決めてきたもの。

あなたの魂は
何をしようと望んで生まれてきたのでしょうか。
これから何を果たそうとしているのでしょうか。

時の流れの中で
どのような魂と出会い、
どのような会話を交わし、
愛し合ったり、時に傷つけ合ったり、
そうして何を学ぼう、
何を果たそうとしているのでしょう。

これから、その謎がひもとかれていきます。

はじめに――魂のままに

こんにちは。磯崎ひとみです。

この本を手に取ってくださり、ありがとうございます。

私は本を編集したり翻訳したりして25年（まさに光陰矢のごとし！）、本書では聞き手、ナビゲーターとして登場します。

精霊、山川紘矢さん・亜希子さんのアドバイスもあり、結構たくさんお話もしています。よろしくお願いします。

さて、この本、実は山川紘矢さん、亜希子さんの初めての対談本です。

丁々発止、愛に満ちたソウルメイトご夫婦の本音対談！

あなたの魂にも、きっと響くところがたくさんあると思います。

愛とは？　夫婦、家族、友人とは？　そして魂とは？　さらに、私たちを常にサポートしてくれている存在、「精霊（スピリット）」と直接、コンタクトする方法まで、惜しみなく、ユーモアたっぷりに伝えてくれています。

紘矢さんの重い病、亜希子さんの「自分を愛せない」という苦しみ、日々のスピリチュアルな学び、すべてを共有してきたおふたり。

その真摯《しんし》な姿勢を通して、**自分と人、あるいは自分と自分の魂との対話とはどういうものか**も深く伝わってくるでしょう。

そんなとってもまじめな、宇宙の真理いっぱいの一冊ですが——、実は対談中、私たちは笑ってばかりいました。ほとんど笑い転げていた、といいましょうか。

おふたりと話していると、人生のほとんどのことは笑える、そして「すべては心配ない。大丈夫」ということがおなかの底から実感されてきます。

この本をこれから読み始めるあなたも、魂はもうきっと、あの場にいたはずです。だから、読んでいると、**思い出すような不思議な感覚があるかもしれません。**

そして、いっぱい笑ってもらえたなら、時にクスッと微笑んでもらえたなら、こんなにうれしいことはありません。

ビジョナリーによるビジョナリーのための本

ご存じの方も多いと思いますが、これまでおふたりは精神世界の第一人者として、

『ザ・シークレット』『聖なる予言』『前世療法』……と、数々のベストセラーを翻訳、日本に紹介してきました。

いわば日本のスピリチュアル界を牽引《けんいん》してきたのですが、その背景には常に目に見えない存在である**「精霊」の、力強く、愛あふれるガイド**がありました。

同時に、講演会やリトリート※などを通して、実際に今の時代、そしてこれからの時代をどう生きるか、私たちの魂は何を求めて今この世に生まれてきたのか、伝え続けてきたエヴァンジェリスト、ビジョナリーでもあります。

ビジョナリーには「先見の明があるもの」といった訳語が当てられますが、そのとおり、「この先が見えている人（存在）」と私はとらえています。

それは、今、そしてこれからの時代に、自分自身、生きとし生けるもの、そして母なる地球にとって何が大切か、感知している人たち――。

この本を手に取り、読み始めるあなたもまた、ビジョナリーに違いありません。

これからともに、新しい世界をつくっていくソウルメイト。

※リトリート
日常生活を離れた静かな場所で、瞑想などを通して精神的な深求を深める合宿。

◆山川夫妻との出会い

最後に、大切なことに思うので、紘矢さん、亜希子さんとの出会いについて書かせてください。

それは10年ほど前のこと。おふたりが富士山のふもとで行うリトリートに参加したのでした。

「スピリチュアルなリトリートが初めて」というだけでなく、本書でも触れましたが、学生時代は父の介護がしたくて、その後は仕事と子育てで日々が埋め尽くされていた私にとって（実はもちろん、「自分で埋め尽くしていた」のですが）、ひとりで泊まりがけで出かけたのは、40歳にしてほぼ初めての経験でした。

3人の子をパパに預けてまで単身、思いきって出かけたのは、実はそのころ、さまざまな悩み事が重なり、「何とかしなければ」という必死な思いがあったからでした。

かわいい子どもたち、優しい夫、フリーランスの仕事も途切れることなく、はたから見たらとても恵まれていたはずです。それでも40歳にして不惑どころか、私の中では**「今、変えなければ」という強烈な感覚**があり、突き動かされたのでした。

もうひとつ、実は子どものころから不思議なことが多く、「わかる」「当たる」こともよくありました。

それが当時、2年以上でしょうか、いわゆる霊的な現象がエスカレートしていき、コントロールを超えてきていました。それは初めてのことで、「我流ではもう限界があるな」と思ったのです。

ともあれ、初めての経験を前にドキドキしながら、富士山行きの長距離バスに乗り込みました。

そして帰路。バスの中で、私はまた違ったドキドキの中にいました。

「今は産道の中を通っているようなもの。

これから次の人生が始まるのだ」

という確信でいっぱいだったからです。

2泊3日のリトリートではおふたりの講演、スピリチュアルダンスなど、いろいろなメニューがありました。

そして最終日の朝、雪が降っていました。しんしんと音もなく降り積もっていく、真っ白な世界。

自分の部屋でルームメイトとふたり、何とはなしに外を眺めていると、ふいに奥の山のほうから、すーっと人のような姿が現れました。

白い斎服《さいふく》に身を包み、三方を両手に持ち、すべるようにまっすぐ横に進んでから、たいそうきれいに直角に向きを変えて、**こちらに進んでくる神官**でした。

そして近くまで来ると、すーっと溶けるように消え去ったのです。

「きれいだなあ。一緒にいるルームメイトにも伝えて分かち合いたいなあ」

そう思ったのですが、経験上、「そういうことを人に言ってはいけない」と身にしみていたので、黙っていました。

するとまた、同じ神官が現れ、同じようにおごそかな美しい所作でこちらへ向かってきたのです。そしてまた、ふっと消えました。

なんてきれいなんだろう。

ますます言いたくなりました。

「今ね、こんなきれいな姿が見えたのよ」

それでもじっとこらえていると――。

ルームメイトのほうから、「今、神官が見えたよね」と話しかけてきたのです。

うれしくて「ね！　きれいだったね！」と思わず声が大きくなったのはいうまでもありませんでした。

それは私が私に、「もう何も隠さなくていいんだよ」と、初めてゴーサインを出せた瞬間でした。ここもあそこも、いいところも「そうでない」と言われるところも含めて全部、私。どちらも、どれも、同じこと。

「もっといい人・母・娘・妻になろう」と、常に自分を見張ってジャッジし、ダメ出ししては正そうとし続けていた自分を手放し、サレンダー（降参）した大きな第一歩でもありました。

それから、たくさんのソウルメイトに出会ってきました。気がついたら、こんな話はあたりまえの話題になっていました。

そして私自身もリトリートを主催したり、ワークショップを開いたりするようになりました。今では誰でもスピリットと交信したり、時に見えたり、聞こえたり、何かがわかったりするものだと思っています（本当はもともとそう思っていたけれど）。

◆天使に導かれて

その富士山リトリートから1年後、私は数秘学を使ったカウンセリングをしていましたが、その年は私にとって特に「本当にしたいことがあったら、条件がそろわなくても即行動」という年でした。

「私は何をしたいだろう？」

すごく見つめて、山川紘矢さんに「本を書きませんか」とメールしてみました。

もちろん、紘矢さんはリトリートの一参加者だった私のことなど、全然覚えていません。

でも、すぐにメールが返ってきました。

「実は天使に言われて、ぼくのこれまでの人生について書きました。

ちょうど書き終えて、出版社を探していたところです」

そんなわけでとんとん拍子に出版された『輪廻転生を信じると人生が変わる』は、たちまち版を重ねてベストセラーになりました。今は角川文庫で出ています。

そして、早10年――。

平成が終わり、新たな時代が幕を開けようとしているこのときに、おふたりの本音対談がみなさまのお手もとに届くのも決して偶然ではないことでしょう。

それでは、本編、大いにお楽しみください！

すべては魂の約束　もくじ

魂の約束　その3——親と子

プロローグ

私たちの魂は、人との関係で何を学ぼうとしているのか

魂は愛を学ぶために地上にやってくる

磯崎　家庭、学校、会社、友人、恋人──。この世に生きているかぎり、人は人と関わり続けます。

いきなり直球の質問ですが、魂はわざわざこの地球に生まれてきて、人との関係で何を学ぼうとしているのでしょうか。

亜希子　それはもう……、すべてよね。

紘矢　ありとあらゆること。

亜希子　まず、愛を学びますよね。特に今は、**人類全体で愛を学ぶとき。**

その前の時代は、生き残りをかけて闘うこともあったけれど。

紘矢　人類も成熟していかないとね。

磯崎　これまで、世の中で自分が生き残るには「他人に勝たないといけない」と思われていたし、今もそう思いがちかなって思います。個人的なレベルでは、人よりも何とかして優位に立とうとし、社会的なレベルではそれが高じて戦争になり……。

でも、愛に目覚めてくれれば、実は自分も人もすべてあるがままでいいし、闘わなくても大丈夫なんだとわかってきますね。

亜希子　むしろ、闘おうとするほうが大丈夫ではないですよね。

磯崎　波動が下がりますし、不安や恐れ、比較の中で生きることになるから、ストレスもたまりますしね。自分の中にも外にも、自動的に敵が生まれてしまいます。

紘矢　**すべては愛。**宇宙の豊かさは無限。だから、何ひとつ闘うことなんてないんです。ぼくが「すべては愛」って言うと、「えー、本当？　どこにあるの？」って言う人がいるけれど、本当にこの宇宙には愛しかない。

ぼくは今、**人類は、覚醒するときに来ている**と思うんですよ。それは具体的にいえば、もう戦争はやめて平和に、お互いに助け合って生きるということ。自分を愛し、隣人を愛し、そして平和な世界をつくる。

イエス・キリストもいったことだと思いますが。

亜希子　今はインターネットや交通手段が発達して、人がグローバルにつながれるようになりましたよね。

すべてはひとつという「ワンネス」や、「すべては平等である」ということを、私たちの意識が理解できるところまで行きつける**条件がそろった時代**になりました。

私たちも、やっとそこまで来たということでしょうね。

紘矢　日本でも、外国人との交流があたりまえの時代になったしね。

私たちが生まれてきたのは「自分が好きなことをする」ため

磯崎　おふたりは海外で暮らしたり、翻訳家として活躍されたりして、海外の方との交流も多いですし、執筆や講演、フェイスブックなどを通して大勢の方と交流がありますよね。ほかの方とのジョイントイベントもよくなさっている。

その一方で、精神世界の仕事を始めるときに、精霊から**「究極の一匹オオカミであれ」**と言われて、それを守り抜いてきたのですよね。

群れない、芯のぶれない一匹オオカミであると同時に、人とやわらかくつながり、サポートし合っていく。

そうしたあり方は、実はこれからの時代、誰にとってもますます大切になっていくと思います。インディペンデンスとシェア、つまり、自立と分かち合いの時代。

そうした、いわば両極的なバランスを取っていくコツって何かありますか。

紘矢　人それぞれ、「この世での役割」があると思うんですね。

今生、ぼくらはかなり一匹オオカミで生きてきた。それはそういう役割だからです。

一方で、もともと人間は社会的な生き物で、グループをつくっていくところにすごく特徴があると思うんですよ。村をつくり、町をつくり、国をつくり——って。

学校をつくって人を集める役割の人もいれば、会社をつくって人を雇い、組織を大きくしていくことを目指す役割を持って生まれてきた人もいる。
だから、それはもう**「自分が何をしに生まれてきたか」**で、自然に決まっていくものですよね。

亜希子　自分がどこに生まれることを選んできたか。

紘矢　**自分の役割は何かといえば、「自分がcomfortable（心地よい）と思うこと」**なんですよ。

磯崎　「役割」というと、一般には「やりたくなくても、やらないといけないこと」、義務というイメージがありますが、魂から見た役割というのは「気持ちいいな」「ワクワクするな」と思うことなんですね。

紘矢　そう。だから、みんな、**自分が好きなことをやればいい**んです。

磯崎　せっかく生まれてきて、今、生かされているんですしね。
紘矢さん、亜希子さんのcomfortableなことは何ですか。

紘矢　ぼくらは旅行ですね。特に外国に行くのが好き。
自由を感じるし、そこで意外なものが待っていますからね。

亜希子　**「好き」「惹《ひ》かれる」と感じるものは、やっぱり魂の使命、生まれる前に約束**

してきたことと密接につながっているんですよ。本当の自分自身を知る道でもある。

私たちも海外に行ったからこそ、道が開かれていった体験が数えきれないんです。

たとえば、紘矢さんはずっと国際的な仕事がしたかった。それでワシントンD.C.で暮らすようになったからこそ、シャーリー・マクレーンの『アウト・オン・ア・リム』※（角川文庫）と出合って、精神世界の本を訳すという仕事が始まりました。

そして、それがあったから、チャネラーのリア・バイアースと出会い、精霊から「今は宇宙に大計画があって、宇宙全体が人の意識を変える仕事をしている。しかし、地球人にも働いてもらう必要があるから、あなたたち手伝ってくれませんか」ってリクルートされることにもなりました。

その後、直接、私たちがチャネリングで交流するようになったサン・ジェルマン伯爵（精霊）を紹介されたのも、リアからですしね。

磯崎　伯爵はおふたりにスピリチュアルな世界について、いわば一から教え、導いてくださった方ですね。

亜希子　それから、別の土地を訪れることには、**エネルギーの橋渡し**の意味もあるんです。

たとえば先日、ラオスへ行ったところ、そこには手つかずの大自然やとうとうと流

※『アウト・オン・ア・リム』
ハリウッド女優シャーリー・マクレーンが、数々の神秘体験と人との出会いを通してスピリチュアリティに目覚めていく過程を著した、世界的ベストセラー。紘矢さんがワシントンD.C.の世界銀行に勤務していた時代にこの本に出合い、夫妻で翻訳することになった。

れるメコン川のエネルギー、信仰厚い人たちの素朴で優しいエネルギーがありました。そうしたエネルギーを吸収して、みんなで日本に持ち帰ってきたように思います。それは、今の日本に必要なエネルギーよね。

磯崎　いろいろな人が今、各地にリトリートや観光に出かけていますが、そうしたことを通して**誰もが実は必要なエネルギー交換をしている**んでしょうね。

紘矢さんと亜希子さんによる、ラオス、ルアンパバーンでのリトリートは、私と友人で主催したのですが、亜希子さんがなぜか突然、「ラオスに行きたい！」ってひらめいて、それを聞いた私もなぜかワクワクッとして「行きましょう！」となりました。

決めたらすぐに、「これからルアンパバーンに行くの」という、海外の友人が４人も現れて。ほとんど何のつてもなかったけれど、とにかく私と友人で下見に現地へ飛んでみたら絶妙な出会いや流れが起きてきて、あれよあれよという間に素晴らしいツアーが実現したんですよね。

亜希子　ときどき、「どうして山川さん、○○に行こうと思ったんですか」って聞かれることがあるんですが、理由なんてないんです。ただ、直感に従うだけよね。

磯崎　はい、決めたら決まる。純粋に、本気で愛で願ったことは、応援されるから大丈夫。そう思っています。

亜希子　それと――今、日本には予想外の大きな災害が相次いでしまっているけれど、人の意識と災害には関係があるんです。

私たちの意識がより平和で自然と調和したものになっていけば、起きてくることも変わってきます。自分たちの意識を浄化するために災害が起こるのだ、と言う人もいますよね。

磯崎　今回のリトリートでも、そうしたサインがありましたね。

言葉のパワーは現実を動かす

亜希子　集団と個の話に戻ると、この世界では、会社やプロジェクトのように、「人が集まらないとできないこと」って、やっぱりあるんですよね。

でも、私たちはどう考えてもそういうのは苦手だし、精霊にも最初から「一匹オオカミでいなさい」と言われたし、それから**私たちの役割は「遊軍」**なんですよ。

あっちでスピリチュアルなメッセージを受け取って、活動し始めた人がいる。そうしたら、そこへ応援に行く。

今度はこっちでこういう動きが始まっている。すると、そこへ呼ばれて応援に行く。

いつでも自由に動けるようになっているんです。

磯崎　この30年、新しい人や考え方を、翻訳を通してはもちろん、イベントやメルマガ、SNS、さまざまな手段で世の中に紹介してこられましたね。

亜希子　私たちが何か言うと、**エネルギーが動く**のがわかるんです。

でも、実はみんな言葉にそういうエネルギーを込められるんですよ。

たとえば、世の中を変えたい、もっと平和にしたい、あるいは環境問題を少しでも解決したいと思って、何か発言しようと思う。でも、「私ひとりがこんなことを言っても、何にもならない」という思いが湧いてくることってあると思うんです。

でも、言葉って波動だから、**口に出せば、そのひびき、バイブレーションが宇宙に発信されます。**そして、宇宙を刺激し、どこかの誰かを刺激する。その誰かが同じことを言い始めたり、行動し始めたりする。

そして、次第にその波動が広がり、大きくなり、現実が変わっていくんですよ。

磯崎　波動が輪のように広がり、共鳴し合いながら増幅していくんですね。

実際、自分が口にしたことや思ったことが、現実化していく体験をしたことがある方は増えていますよね。

あと、誰にも言っていないのに、ふと日記やメモに思いついたことを書きつけたら、ぱっと相手から電話がかかってきて事が始まったり、動いたり、といった経験もたびたびあって、「ああ、思考も波動なんだよなー。まわりに飛んでいくんだなー」って実感します。

亜希子 そう。それとね、何かを言いたくなる人は、実は見えないところから、「言わされている」んですよ。

そして、「言いたい」って思っているあなたの後ろには、実は同じ思いを持っている人がたくさんいるものなんです。それを代表して言おうとしている。ひとりじゃないんですよ。

磯崎 なるほどー。言いたいこと、したいことがあると感じたら、直感のままに見えないサポート、まだ見ぬ仲間、それから何よりも自分を信頼して、始めたらいいんですね。

魂はいつでも最適な学び場所を選んでいる

磯崎 紘矢さんはぜんそくがひどくなって46歳で大蔵省を退職、亜希子さんも看病をしながら翻訳に専念することになりました。

会社や組織に属さず自由業で、そして常に「一匹オオカミ」として動くというのは、「それでやっていけるのか」と不安を覚える人もいると思うんですが。

亜希子　それはね、**風をつかむ感覚**なんです。

この世界に風のような流れがある。

それをキャッチした人が何か新しいことを始めたり、翻訳する本を見つけたり、本を書いたり、イベントしたりするだけなんですよ。

私たちもそうなんです。だから、風を感じたら、どこへでも行くだけ。

紘矢　それはもう――自分ができることを、その時どきやるしかないですからね。

ただ、自分でやっているつもりで、実は誰ひとり、そうではないと思うんです。神さまによってやらされている。支援されながらね。

本当はね、**みんな、生まれる前に決めてきたすじ書きにそってお芝居をしているだけ**、自分の役を演じているだけなんですよね。

だから、上も下も、いいも悪いも本当はない。

亜希子　組織になると、人間関係が生まれますよね。そこから学ぶ必要がある人はグループをつくったり、組織に入ったりするだけなのでしょう。

磯崎　**魂が自分にとって一番いい学び場所をちゃんと選んでいる。**

亜希子　紘矢さんは大蔵省（現・財務省）で人間関係を含めていろいろ学んだだろうと思うし、私も少しだけれど会社にいました。いじめにもあいましたしね。

紘矢　つらかっただろうけど、そこで学ぶ必要があったんだね。

ぼくが大蔵省でいちばん学んだことは、人間のエゴや競争――人間社会の裏表、それからどういうふうに政治が動くか、国会がどう運営されているかといった社会のしくみかな。

国会答弁も用意したし、当時の首相の田中角栄さんとか、エラい政治家と身近に接する機会もありました。

現実的な人間社会を生々しく知りましたよ。

最初から精神的な世界に行くのではなく、そうしたエゴが跋扈《ばっこ》する弱肉強食の競争社会に身を置いたのも、結果的によかったんだと思います。

亜希子　ただ、私たちは今生では組織での学びは比較的短くて、結局は一匹オオカミで動くこと、同じような立場の人とだけでなく、学歴も立場も違うさまざまな人との関わり方をすることになっていたんですね。

一匹オオカミでいるとね、**誰に対してもすごく平等でいられる**んです。

紘矢　すごく自由。本当に、自分に正直に生きられる。時どき、国会でも見られるように、上司や政治家をかばうために事実をかくしてうそを言ったりしなくてもいい。人間は、グループになると問題点も出てくるんですよね。自分の集団だけ守ろうとしたり競争したり、それが高じて戦争になったり。

まあ、**それもすべてよし**、と思います。

みんな、いいのよ、そのままで。

目覚めていないからこそ、それで完璧なんです！

使命は探すものではなく、自然にわかるもの

亜希子　私たちが独立することになったのは、スピリチュアルな観点からすれば、**今生では夫婦ふたりの関係にフォーカスしなくてはいけない**ことになっていたから、というのもあるんですよね。

磯崎　というのは？

亜希子　私はもともと人と言い合うタイプではないし、彼とも、この仕事を始める前はあまりけんかをしたことがなかったんです。お互いの問題が噴き出すようなこともなかった。

紘矢　お互いに違う仕事をしていたからね。

亜希子　それが、彼がぜんそくになって大蔵省を辞めて、一緒に翻訳の仕事をするようになったら、私の中から彼に対するものすごいライバル心や嫉妬心、怒り、いろいろなものがわーっと出てきてしまって。どれも、私の中にずっとたまっていたものだったのね。

でも、まあ、そうした歳月によって互いに必要なことを学び合い、気づきも深まっていったのね。だから、**その時どき、魂にとって必要なことが起きていただけ**なんでしょうね。

磯崎　「いつどこでどう学ぶか、生まれてくる前に自分で決めてきたすじ書きにそって、私たちはみんな、生きている」って、先ほどのお話にもありましたね。

私には娘が3人いるんですが、彼女たちを見ていても、本当にそうだと感じます。それこそ、生まれ方、生まれるタイミング、おなかの中での育ち方までみんな、「それぞれが決めてきたんだな」って、スピリチュアルなことなど何も学んでいなかったころですが、それが体験的にわかって、すごく安心したことがあります。

たとえば長女の妊娠がわかったとき、最初はうれしさよりもゆううつさが勝っていたんです。世の中にはつらいこともたくさんあるし、自分がいい母親になれる気もしなかったし、地球は環境破壊が進んでいるし――赤ちゃんに申し訳なさすぎる気がして。ただ、まわりは喜んでくれているので、誰にも言えなくて、もんもんとしていました。

それがある日、お風呂に入っているとき、なぜか突然、はっきりわかったんです。

「あっ、この子が生まれてきたいから生まれてくるんだ。私のおなかを通ってくるだけなんだ」って。

それですごくほっとすると同時に、なんかわからないけれど、「全部、大丈夫だ」って確信してしまったというか。

赤ちゃんが教えてくれたんですね。

以来、いろいろ迷うことがあっても、常にどこか根底には「大丈夫なんだ」っていう安心感があるんです。

みんな、決まっているから、うまくいっているんだからって。

紘矢さん、亜希子さんは、「自分の魂はこれを決めてきたんだ」とか「このために生まれてきたんだ」とわかったのはどんなときでしたか。

何を学びにここにやってきたのでしょう？

自分の使命、なぜ生まれてきたのかを知りたいという人も多いと思うんですが、どうしたらわかるのでしょう？

亜希子　本当を言うとね、**使命は探すものではなくて、時が来ればわかるもの**なんです。そのときは人それぞれ。

たとえば紘矢さんはアレキサンダー・エベレット※が「自分は愛と平和を世界に広めるために生まれてきた」と言ったときに、パッと「ぼくもそうだ」ってわかった。

紘矢　使命を知ったらワクワクして、エネルギーが出てきましたね。

亜希子　それを聞いて私は「自分の使命は何だろう？」って思ったけれど、わからなかったの。

それが半年後、やはりアレキサンダーから同じ言葉を聞いたとき、「なんだ、自分も同じだった」ってすぐにわかりました。

ただ、使命なんて、わからなくてもいいのよね。わかってもわからなくても、みんな、そのときに必要なことをしているのだから。

紘矢　**自然に生きていけば、すべては大丈夫**なんですよ。誰でもみんな、実は流れに乗って、やっているのだから。

亜希子　すでに生まれる前に計画してきたことをやっているだけだから。

紘矢　だから、人間だれも、ひとつも間違いがない。

亜希子　人生、失敗ということがない。

※アレキサンダー・エベレット
自己啓発セミナーの草分けのひとつ、「マインド・ダイナミクス」の創始者。アメリカで活躍し、山川夫妻も80年代に受講した。故人。

紘矢　自分の思うようにやればいいんですよ、はい。自由に好きなように生きればいい。

全部、完璧。

そのまま生きていけば、必要なことが起こってきます。

精霊からのメッセージ

人は人との関係から何を学ぶのか

要するに、地球にあなたたちが生まれてきたのは、お互いに学び合うためです。


地球上で魂が学ぶ方法にはいろいろありますが、80パーセント以上は人間関係を通してです。

ですから、人とつき合うというのはとても大事なこと。

それは不可避なこと。

※精霊からのメッセージは以下、すべて山川亜希子さんのチャネリングによるもの

人間関係は、
人がふたりいれば、そこでもう始まるものです。
あなた方はある意味、
そこからすべてを学ぶのだと思ってください。

人の行動もまた、学びの材料です。
それはあなたの鏡です。
あなたがどういうふうに行動しているか、
何を口にしているかがわかります。
自分自身との関係も見えてきます。

「人のふり見て、わがふり直せ」
それがいちばん簡単な学びの方法なのです。
ただ、それは初歩的なもの。

人はみな、たとえ神のこと、精神世界のことを何も知らなくても、
お互いに切磋琢磨《せっさたくま》しながら、
ぶつかり合い、愛し合いながら、自分自身を学んでいきます。
でも、繰り返しますが、
それはとても初歩的なもの。

実はそれを乗り越えて、あなたが成長したとき、
今度学んでいくのは、自分自身と自分の魂、
または自分自身と宇宙との関係になります。

もちろん、そのときにも相変わらず、
ほかの人から学ぶことはたくさんありますが、
その必要はだんだんと少なくなっていきます。
それはどういうことかというと、
人間関係の問題がなくなるということなのです。
人との関係は仲よかったり、無関係だったり、

とても深い関係だったり、それぞれですが、
それらはすべていつも素晴らしい関係となって、
あなたに慈しみと満足と
肉体的・物質的な安らぎを与えてくれるものになります。
そして、あなたの関心はもっと自分自身との関係、
宇宙との関係に移っていき、理解を深めていきます。

その深まり方とは、
どこまでもどこまでも深まっていくもの。
今、「悟った」と言っている人たちも、決してそんなことはありません。
これからもっと、
もっともっと深く知っていくのです。

この宇宙はあくまでも深く、広く――広がっています。
それは今、ここに生きているだけでは、とても学びきれないもの。
ですが、それを地球的に学ぶために今ここにいるのです。

地球に生きているのは、
ここでなければ学べないことがあるからです。
それがどのようなことであるか。
それはこれから、今ここにいるあなた方４人、
そしてこの本を手にする魂がそれぞれ、
いろいろな形で学んでいくものです。

この本をつくることになった４人は
もうほとんど人間関係のしがらみ、
人間関係から学ぶべきことは
学び終えようとしているところにいます。
この本を手にする人たちもまた、
もう少しで抜ける人、抜けた人たちでしょう。

ですから、ここであなた方がたとえば
うつ病でとても苦しむ経験をしている人、

虐待的な状況にある魂を助ける方法などについて
話そうとしてもうまくいきません。
それらはあなた方にとっては過去のことで、
もはや忘れているからです。
そして、そうしたことは組織や政治——
人間的な——人間が人間の営みとして
物質的・肉体的にしていることでしか、救えないものだからです。

この本にのるのは、
もっと魂的なことです。

つらい段階にある人のところまで戻り、
救おうとしなくていいのです。
それは、それを学ぶ必要のある人たちが助けるのです。
これはただ役割分担というだけのことです。
人それぞれに成長段階があって、

何を学ぶか、何を教えるか、そのときどきで違うというだけなのです。

この本を創るにあたっては、
遠慮しないで、それぞれが自分の体験をお話ししてください。
協力してメッセージを伝え合う、
いろいろな人が受け取り、与える、
今はそういう時代です。
ですから、今、フェイスブックやブログが用意されているのです。

あなた方は人間関係のしがらみからの学びはもう卒業しようとしています。
でも、
「最後に学ばなければならないことは何だろうか」と考えると、
見えてくるものがあるでしょう。

● 紘矢からのメッセージ ●

最後の学びとは何か

最後に学ぶこと。
それは信心深くなること。
自分は何者か、自分は神であると知ること。
神を知るという段階までいくことでしょう。
そこを知れば、みんな、ポーンと、その先へブレークスルーしていけるでしょう。
そして、死後の世界があること、輪廻転生を信じるのではなく、知るということです。

魂の約束　その1

――夫と妻

夫婦の葛藤から学べること

磯崎　夫婦になる魂は、何を約束してきたのでしょうか。結婚や夫婦関係を通して、魂は何を学ぼうとしているのでしょう？　おふたりの場合はいかがですか。

紘矢　まず、夫婦は「何が大切か」という価値観、方向性が同じだと楽だと思います。一方は「お金や名誉が大切だ」、一方は「心や愛のほうが大切だ」という調子で、それぞれが違うほうを見ていたら、やっぱりつらいでしょう。

ぼくらはけんかもするけど、根底では似ていると思う。「世の中のためになりたい」という思いがある。

亜希子　そうね。最初、精神世界の翻訳を始めたころに精霊に言われたり、自分でもわかったりしたことは、**「愛と平和の世界をつくるために働くのだ」**ということでした。それはふたりとも同じだから、一緒に仕事を始めたわけです。

だから、仕事ではいつも同じ方向を見ているんだけど、個人的なレベルになると……。特に私の場合は、別々に仕事していたときには感じたことがなかった、彼に対する強烈なライバル心や劣等感など、いろいろな感情がどんどん出てきたのですね。それは**過去世の彼との関係にも原因**があったんだけれど（50ページ）。

紘矢　うーん。ぼくは全然、そんなネガティブなことは思っていなかったな。

亜希子　だって、あなたはいばっていたもの（笑）。

今は違うけれど、当時は、彼にも私にも「男は女よりもえらい」という男尊女卑の考え方があったのです。でも、同じ仕事をしていると、私の目線が上がってくる。

一方、彼はあいかわらず〝上から目線〟だから、「おまえは何でそんななんだ」となるし、私は反発を覚える。でも同時に、内心、「私はどうしても彼には勝てない」という根深い思いもあって、それとも向き合わないといけない。

だから私はたいへんだったけど、彼はまともに取り合わないで、「おまえは頭がおかしい」とか「怒りすぎ」とか見くだしていればよかったから、そういう意味では確かに彼のほうは楽だったのかも。

紘矢　あははは一。

亜希子　でも、感謝しているのよ。

壁のように立ちふさがって、私が言われたくないことをばんばん言ってきてくれたから、それこそ彼との人間関係を通して、それを克服しようとしたことによって自分自身を学んだし、解放していけたのですから。

そういう意味では、ありがたいなあって思います。

福元　亜希子さんは、上から目線で言われたときに、どう対処していたんですか。

亜希子　けんかになったときに、私が彼によく叫んでいたのは、「私もあなたも一緒じゃない。同じじゃない」っていう言葉でしたね。

男尊女卑の時代を超えて

磯崎　紘矢さんは１９４１年、亜希子さんは１９４３年生まれで、ちょうど私の両親と同じ年なんです。今の時代にはわかりにくいかもしれませんが、「男が上で女は下」という考え方が世の中全体に自然に浸透していたと思います。

紘矢　男社会だったからね。女性は男性を助ける存在だった。それが世間一般の考え方だったんです。

亜希子　一人ひとりもそう信じていた。

紘矢　ぼくは大蔵省という、古い組織にいました。それであるとき、関西に転勤になったんです。彼女も東京で勤めていたから、ぼくだけ引っ越すことにしたら、大蔵省の人たちに「ふつうだったら、奥さんもついていくものですよ」って。

亜希子　それも、子どもの学校の関係で単身赴任というのはわかるけれど、「奥さんは働いているから、一緒に行けません」というのは認めがたい、ゆるせないっていうのね。

磯崎　当時としては、新しい夫婦のあり方だったんでしょうね。

紘矢　そういう人はあんまりいなかったのだろうね。

亜希子　私は、違いは女性というだけで、彼と同じように働いていた。お給料も彼より多いくらい。お金がほしかったわけじゃなくて、働きたいから働いていたの。それも彼に、「働いていいですか」って聞いてね。そしたら、「うちのことちゃんとやるんだったら、働いていいよ」って言われて。

紘矢　えーっ、そんなこと、ぼくは言った覚えはないよー！　絶対、そんなこと——。ぼくは「働きたいの？　そう」って言うくらいだよ〜。

亜希子　今はそうよ。だから、忘れちゃうのよ（笑）。

磯崎　わかります、男の人は言ったことを忘れちゃうんです。それは〝私調べ〟では、多くの女性が同じことを思っています。

亜希子　ねえ。

紘矢　わはははは。

福元　紘矢さん、ちょっと分が悪いですけど。

紘矢　そんなことはないです。全然、記憶にありません（笑）。

磯崎　それでも当時の男性としては進歩的というか、ニュートラルだったのではないでしょうか。

亜希子　「働いていいよ」と言うだけでも、すごいと思う。昔は本当に、「女が外で働くなんて」という人が多い時代だったから。

磯崎　結婚した女性が働いていると「あの家は奥さんを外で働かせている」という目で見られたり、夫のほうも世間から「甲斐性がない」と思われるから恥ずかしいといやがったり、そんな時代でしたよね。

亜希子さんが東大を卒業する前に大学の就職相談窓口へ行ったときも、女性は一般企業にはどこも就職口がなくて、それで経済企画庁（現・内閣府）に決まりました。

結果的に就職はせず、大学院に進んだわけですけど。

亜希子　そのころ、自分が本当は何をしたいのか、人生をどの方向に持っていけばいいのか、よくわからなくなっていたし。

私が卒業して10年くらいたってからかな、ようやく2、3の銀行が東大の経済学部出身の女性を、男性と同じような仕事で採用するようになったのよ。

磯崎　私は高校生のときに男女雇用機会均等法※が施行された世代ですが、子ども時代

※男女雇用機会均等法
職場での男女差別を禁じ、採用や昇進、解雇、給与面等で両性を平等に扱うことを定めた法律。1986年施行。

はやはり、社会にも家庭にもあたりまえに男尊女卑の考え方があったと思います。

家でも学校でも懸命にそうした価値観に反発し続けてきたけれども、大人になって、特に結婚してから気づいたのは、いつのまにか自分の中にも深く根付いてしまっていたなあって。そして、それに応じて無意識に行動してしまう。

特に若い人にはもう一切、「私は女性だから」「〇〇だから」って、自分で自分の可能性を狭めないで、本当に自由に生きていってほしいなあって思います。

そのためにも、私たち上の世代が「母親だから」「もう〇歳だから」とか制限をかけるのをやめて直感や心惹かれるもの、パッションを大切にして、自分に正直に生きていきたいなって思うんです。

魂にとって結婚とは？　離婚とは？

亜希子　けんかしながらも今年で私たちは結婚50周年ですが、磯崎さんは途中で、「結婚はもういいわ」ってなったのよね。

磯崎　わはははー。16年、一緒にいました。

紘矢　十分、学んだんですよ。

また、来世でやるかもしれないよ。憎しみ合ったりして。わははー。

磯崎　うふふー。本当にもう――、夫婦や親子のような特別な関係がたぶんすべからくそうであるように、私たちも幸せと葛藤を通してそれぞれ学ぶことがあった、そうでないと学べないことがあったんだなあと思います。

幸せだったことつらかったこと、いろいろな経験や感情は、やはり自分ひとりでは得られなかったし、学べなかったものですから。

おふたりもご存知のように、彼はとても優しい素敵な人なんですよ。

紘矢　もう自分で、「すべてゆるします」って宣言すればいいんですよ。「感謝します」「ありがとう」って。

磯崎　はい、感謝しています。この本が出るころにはきっと、自分のこともすべてゆるし、愛と平和そのものになっていると思います。

紘矢　大丈夫ですよ。

磯崎　ありがとうございます。

紘矢さん、亜希子さんは「結婚」とはどういうものだと思いますか。

紘矢　**魂が、最適の経験をするためにすること。**

だから、結婚してもいいし、しなくてもいい。離婚してもいいし。

磯崎　アメリカの友だちで、結婚して30年近く、ずっとラブラブなご夫婦がいるんです。終始、思いやり合って素敵なので、「けんかすることってないの?」って聞いたら、「ないわ」って。

「どうしたら、そうできるの?」って聞いたら、「彼とはソウルメイトだから、簡単なのよ」って。

紘矢　へえ！

でも、けんかしていけないこともないんですよ。**お互いの成長を助け合うのがソウルメイト**だから。

信頼しているからこそ、けんかもできるんだしね。

磯崎　本当にそうですね！

紘矢　そして、結局は何であれ、自分を変えるしかないんですよ。**すべては自分が中心、自己責任**だから。

自分をゆるし、愛するようになると、相手も、関係性も変わっていくから。

亜希子　私たちの世代は結婚するのがあたりまえで、しないなんて考えられなかったけれど、若い人たちの意識が変わっていけば、結婚という形態も変わっていくでしょうね。

過去世ではどんな関係だった？

磯崎　先ほど夫婦の関係に、過去世でのふたりの関係が影響しているというお話が出ましたが。

亜希子　私たちは、彼が革命家で私が奥さんだったこともあれば、とても平凡な夫婦だったり、おじとめいだったり、いろいろな関係があったけれど、ひとつ大きいのは、ヨーロッパで学者同士だったときでしょうね。

当時、私は宮廷の御用学者として王様から寵愛《ちょうあい》されていたのに、あとから入ってきた彼にその座を奪われてしまったのです。あとはもう日の当たる場所に出ることもなく、うっくつした思いを抱えたまま人生を終えたんです。

磯崎　ドイツに行ったときに、その状況がフラッシュバックのようによみがえってきたんでしたね。

国王の寵愛を失うと同時に、まわりから人が消えて、その人たちが今度は新しい学者――紘矢さんをもてはやすようになって。ご著書『精霊の囁き』（ＰＨＰ研究所）には「新任の学者に対する嫉妬心と怒りとうらみをメラメラと燃やし続けた」とあります。

亜希子　それが今生、仕事を一緒に始めてから、彼への激しい嫉妬心に結びついていて、たいへんだったんですよね。
その過去世が本当にあったかどうかはわからないけれど、自分の中から突然、自然にはっきりと出てきてしまったので、そのときはしばらくぼうぜんと立ち尽くしていました。

磯崎　過去世を思い出したときは、理屈ではなくて全感覚、もう自分のすべてがそれと一体になるといいますね。
それで、「ああ、だからか」とか、今生の自分や自分が経験していることについて、すごく納得がいく。

亜希子　ただ今生では、単純な嫉妬心というより、その奥には「あなたは私をそんなふうに軽蔑するけれど、私もあなたも一緒じゃない」という思いがあったということなの。

紘矢　ぼくは、軽蔑した覚えは全然ないんだよー！

磯崎　紘矢さん個人がどうというより、その底にある……。

亜希子　社会的な先入観にもとづいて起きている状況に対してだから。

紘矢　ぼくらはねえ、いつも、夫婦の間の問題を話しているはずが、いつのまにか社会的な話になってしまうんだよね。「社会の女代表」対「社会の男代表」みたいな。

亜希子　だって、そうなんだもん（笑）。
磯崎　家の中で、国会をやっているみたいな感じでしょうか。
この世界に広まっている性差別意識の壁はあまりにも強固なので、そこにひびを入れるためにも、前世での激しい感情エネルギーも必要だったのかもしれませんね。

「夫ファースト」だったころを抜けて

亜希子　そんなに大げさではないけれど、私は母から男性にかしづくように教え込まれていたから、本当に彼を立てて立てて、旅行に行っても私が重い荷物を持って、彼は私の前を歩いていたの。
そんなこと、あたりまえだと思っていた。
磯崎　私の世代でさえ、荷物こそ持ってくれるけれど、夫がいつも先を歩いていました。だからいつも一列になっちゃう。行進じゃないんだから～って。
紘矢　わははは。
亜希子　それで、男の人は気づかないのよね。
磯崎　そうなんですよ！　それで、言うと、怒るんですよ～。さびしいし、つまらないから、一緒に歩いてほしいだけなのに。

紘矢　それは、日本の場合でしょ。

アメリカだったら、レディファースト。

磯崎　紘矢さんもアメリカで暮らして、変わられたんですか。

亜希子　どうかな～。

彼とアメリカで暮らすことになって、エレベーターを待っていたことがあったのね。エレベーターのドアが開いたら、一緒に待っていたアメリカ人男性がみんな、道をあけてくれて、私が乗るのを待っているのよ。女性が先に乗るのがふつうだから。

でも、私はなれていないから、ちょっともたもたしていたら、彼がさーっと一番に乗ってしまったの！

一同　笑

亜希子　みんな、ぼうぜん。

アメリカに3年いたけれど、ほとんどずっとそんな感じだったわ。ただ彼が悪いわけじゃなくて、私がのろのろしていたせいかもね。

紘矢　気づかないんだよ～。

亜希子　私がすぐに乗ればよかったの。

私自身も、「彼が先に行く」というのにあまりにも慣れすぎていたから、できなかったんですよね。

今は彼のほうが元気なこともあって、重い荷物も持ってくれるし、電車で席がひとつ空いていると、「座れよ」って時どき言ってくれます。

磯崎 もはやレディファーストでもマンファーストでもなく、自然に思いやり合う感じがとても素敵だなあって思います。

今生での使命――女性が自分の価値を知ること

磯崎 先ほど、亜希子さんがけんかすると「私もあなたも同じじゃない」って叫んでいたというのは、どんな場面ですか？　仕事とか？

亜希子 それよりもふだんの生活のことで、考え方や動き方について、ですよね。それは結婚してすぐくらいから。

だから結局、「男尊女卑があたりまえだ」と思い込んでいたけれど、心の底では納得していなかったんでしょうね。

私は本当のことを言うと、自分が今生ですることは女の人の意識を高めること、「自分は男性と同じだけの価値を持っている」「男も女も同じ魂の存在なのだ」ということを知ること、気づいてもらうことだと思っているんです。

そのためにはまず、自分自身の中にある「女性としての劣等感」を払拭しなくてはならなかった。

磯崎　そのために、家庭での葛藤というのがあったと。

亜希子　そう、だから彼が別に下に降りてくる必要はないし、他人を変えることはできないから、私が自分自身の意識を変えて、上に行くしかなかった。

でも、それがなかなかできなかったのね。

福元　今の時代は夫婦共働きがあたりまえになり、むしろ今の男性は生活レベルを維持するためにも、おくさんにも働いてほしいと思う人が多いといいますね。

でも、それでは平等になったかというと、家では女性が家事をして、男性は「手伝う」という立ち位置のままだったりしますよね。

結局、おふたりがけんかしていたころと、さして全体的には変わっていない気がするんです。

亜希子　そうだと思いますね。

アメリカのエサレン研究所※に行ったとき、そこでずっとゲシュタルトセラピーをし

※エサレン研究所
自己啓発や瞑想、ゲシュタルトセラピー、ヨガ等、さまざまなワークショップを提供している宿泊型施設。カリフォルニア州にあり、毎年世界中から多くの人が参加している。

ている著名な男性が言っていたことを思い出しますね。

彼も仕事をしているけれど、奥さんも同じでとても大切な仕事をしていた。でも、たとえば子どもが熱を出したときには、奥さんのほうが仕事を断って何とか段取りをつけて、子どもの世話をしていたそうなの。

彼も奥さんもそれをあたりまえだと思っていたのね。

でも彼は、あるとき、**「自分はただ手伝っているだけで、全然、責任を持っていなかった」**ということに気づいたのですって。

磯崎　それは今でも、多くの子育て中の女性が共感するところかもしれませんね。
その方は子育て中に気づいたんですか。

亜希子　あとで、でしょうね。それで「やっぱりそれはまちがっているよね」っていう話をしてくれたの。

それともうひとつ、あるご夫婦の話でね、けんかしたときに、夫のほうが「これはこうでこうだから、あなたのここがまちがっている」と言いかけたら、奥さんが「あのね、私の感情に話しかけないで」って言ったんですって。

それで、その話をしながら、その男性が「確かにぼくが悪かった」って言うから、私、なんだかうれしくなっちゃって。

私と彼との間でもいつもそういうことが起きていたから。私がかーっと感情的になると、彼は論理的に「いかにぼくが正しいか」ということを言うわけね。

紘矢　男の人は論理的で、女の人は感情の生きものなんていうからね。

亜希子　そして、女の人のほうが正直なのよ。

磯崎　うふふ。男の人はやっぱり格好つけている人が多いかもと思います。何を感じているか、考えているか、本音をそのまま出さない。

亜希子　同じくらい怒っていても冷静なふりをして、自分の怒りを逆なやり方でぶつけてくるのよね。

「私もあなたも同じじゃない」っていうのは、私、どこか自分の知らないところからしゃべっていたと思う。無意識に女性差別を感じ取っていて、「女の言うことをまともに取り上げるなんて、できない」みたいな、同じ土俵に降りてきてくれないことへの怒りとか。

「あなたはいかにもクールにふるまっているけれど、私と同じくらい怒りでいっぱいじゃない」って、そういう意味もあったとも思いますね。

多くの男性がやっぱり今でも自分の感情を大事にしていないから、社会全体でも、個人のレベルでもいろいろな問題が起きてしまうことも多いのではないでしょうか。

女の人でもあるかもしれませんね。

感情を消して生きていたころ

磯崎　紘矢さんはむしろ感情がないほうが働きやすそうな、官僚という環境から、今は自由に喜びも表すし、悲しいときには涙も流すという、心に正直な、いわば真逆のような状況になっているわけですけど、両方の人生を経験されてみてどうですか。

亜希子　泣けるようになったのよね。

紘矢　自分では自然に変わってきちゃったので、よくわからないけど——でも、新聞で官僚が総理や上司、仲間をかばってうそを言ったりしているのを読むと、そういう立場にいなくてよかった、というのはありますね。

ぼくにとっては、**自由と正直であること**が大切なんです。

公務員を辞めて社会的な地位や安定などは失ったけれど、自由を得たことはかけがえがないですよね。

亜希子　感情ということについて言えば、昔の彼は絶対に泣かなかったし、悲しみも感じていなかった。

紘矢　ああ。感情的になるのはよくない、人は「感情を感じなくなること、常に冷静であること」が成長することだと思っていたから。

そう思って、自分でもそれをやっているうちに、本当に感じなくなっちゃったんですよね。

そうすると、喜びとか、いい感情も感じなくなってしまう。

亜希子　人が亡くなっても全然悲しくならなかったりね。

紘矢　うん、そうだった。同期の友人が自殺してもね、泣かなかったんですよ。「ばかだなあ、死ぬなんて」って淡々としていた感じ。弱い者に対する思いやりがなかった。

亜希子　共感ができなかった。

磯崎　その亡くなった方は、職場に相談できる人はいなかったのでしょうか。

亜希子　うつに入り込んでいたんだけれど、当時はうつになったら、少なくとも大蔵省では烙印を押されて出世に響くような、そんな時代でしたよね。

紘矢　すごい競争社会ですからね。誰か辞めたら、まわりは内心、「競争相手が減った」って喜ぶようなね。

考えてみれば、ひどい世界です。

磯崎　今の、本当に愛にあふれた優しい紘矢さんからすると、想像がつきませんけれど。紘矢さんはもういつでも人を力づけよう、励まそう、助けようってされるでしょう？　逆にいうと、当時はどれほど不自然に心が無理を重ねていたのかなあと思います。自分では「無理している」とは思っていなくても。

なぜ人は感情を忘れてしまうのか

磯崎　確か、日本の男性は、うーん、あまり感情を大事にしない傾向があると思います。脳もホルモンも男女で違うとは思うんですけど、それでも外国の男性と話していると、もっと表情豊かだし、自分の気持ちにも相手の気持ちにも敏感で正直な人が多い印象があります。

紘矢　やっぱり教育でしょうね。

ぼくは小さいころ、泣いていると親が来て「泣きやめ！」って怒るんですよ。だから、だんだんと「泣くのはよくない」ってトレーニングされた。

犬もそうでしょう？　「鳴くな！」って言い続けたら、しまいにあまり鳴かなくなる。あと、あまり大声で泣いたりすると、「隣近所に恥ずかしい」と言うわけですよ。

思いきり泣かせる、ということはない。そういうふうな育てられ方でした。

福元　「感じない」というのは、どんな感じなんですか。

紘矢　ロボット的になる。冷たい。人生が平板になり、生き生きとしたみずみずしさを失いますね。

亜希子　気づきのセミナーで、講師のダンカンによく「うすら笑いするな」って言われたって聞きました。

セミナーのプログラムで、わざと正面からひどい悪口を言われるんですけど、そのときもばかにして笑っていたとか。

紘矢　まあ、そうだね、「にやにやしている」って怒られた。

亜希子　今は彼の笑顔は本物で素晴らしいけれど、当時は確かに――。

紘矢　冷笑、かな。自分をたもつために、「そんなの、ぼくには関係ないよ、ふふふ」みたいなね。クールに（笑）。

亜希子　クールなつもり、ね。

紘矢　そうだね、いろいろ傷ついていても、傷ついていないふりをする。感じないようにしていたんですよ。

亜希子　それで笑ってごまかす。

紘矢　「自分は平気だ」って。

磯崎　何なんでしょうね、そういう「感情を表に出してはいけない」という、昔から特に男性に対して教育に組み込まれてきた美徳というか、価値観というのは。

生存に役立つとか、何か必要があって文化に組み込まれてきたと思うんですが、どこから発生しているのでしょうか。

亜希子　武士道なんじゃない？　明治維新以降の軍国主義とか。

紘矢　自制心のある大人らしい態度、ぐっと耐えて感情にふりまわされないゆるぎない態度がずっと目標とされてきたんだよね。

病気を通してハートが開いていく

亜希子　すごくおもしろかったのは、私たちがこうした仕事を始めたころ、あるチャネラーさんから「紘矢さんはハートに3つくらい錠がかかっている」って言われたこと。

紘矢　ハートを閉ざしていたんだよね。

まあ、でも！　人間って、感情に流されてばかりでもいけないしね～。

亜希子　ただ、心に鍵をかけていると自分を痛めて病気になったりするから。大事なのはバランスですよね。

紘矢　ぼくは大蔵省のころも、実はいろいろ感じていたんだと思うよ。でも、感じないように押さえつけていた。

亜希子　そうすると、人って「トラップ感情」がどんどんたまっていってしまうのよ。

磯崎　トラップ感情って何ですか。

亜希子　「トラップ」は「とらわれ」「わな」といった意味で、私が訳した本に出てくる言葉なんですが、たとえば、本当は怒りを感じているのに感じないふりをして抑圧すると、しこりのようになって意識の底にたまっていってしまうの。

そういうたまった感情を「トラップ感情」っていうそうです。

それが心だけでなく、血液循環から何からすべてに悪影響を与えて、人生もうまく流れなくなっていくというの。

紘矢　自分の感情を味わわないで押さえ込むと、そのしこりががんになったりね。

亜希子　たとえば怒りは肝臓にたまるといわれていて、そこから肝硬変になってしまったりする。

磯崎　紘矢さんは「ハートに3つも錠がかかっている」って言われたとき、どう思ったんですか。

紘矢　「なーに、勝手なことを言っているなー！」って（笑）。

亜希子　本人はわからなくてもね、毎日、そばで見ている者にはわかるのです。

だって、ぜんそくって、胸の病気でしょ？

そして実際、**病気を通して本当にハートが開いていって、感情を取り戻していった**と思う。

紘矢さんが泣くのを見たのも、病気になってからだったもの。

紘矢　そう？

亜希子　無力感、ふがいなさに涙していたわ。

紘矢　ああ、あったね。

ずっと平気だったのに、ふと、「ああ、ぼくは何もできないんだなあ」って思ったんだ。

亜希子　そのときはすごく新鮮で、びっくりしたんです。

だって、それまで彼は弱い自分というのは絶対、認めていなかったから。

病気して動けなくなって初めて、自分の弱さも受け入れなければならなくて、でも、それはなかなかむずかしかったでしょうね。

それまでも彼の中には悲しみ、怒り、悔しさなどの感情があったのに、抑圧してあまり感じないようにしていた。

それを出させてくれたのが、要するに病気だったのね。

紘矢　病気が必要だったということでしょうね。

感謝しています。

ぜんそくでは、発作が起きるたびに息ができなくなってゼイゼイするんだけれど、泣くかわりにしていたのかもしれないね。

磯崎　ああ、それまで泣けていなかったぶん……。

亜希子　３年病気して、その間にずいぶん優しくなりました。つらい思いをしたから、人にも共感できるようになって。

紘矢　病気の効用だね。

まあ、そうしてだんだん感情がよみがえってきたら、思いやりが出てくるようになったんですよね。

今は思いやりがありすぎて、困っちゃう（笑）。

亜希子　彼は病気を通して自分を浄化し、目覚めていったのね。

私はその間、自分の無価値感に向き合って、精神的に苦しい思いをしながら浄化し、目覚めていったのだと思います。このプロセスも結構たいへんで、病気と交換したいくらいだったわ（笑）。

紘矢　まあ、それぞれ魂にとって最適な学び方をしているということだよ。

ぼくは落ち込まないし、いつも明るく前向き。だから、体を通して、学びがやってきたんだな。

自分が変われば相手も変わる「エネルギーの法則」

磯崎　亜希子さんは先ほど、夫婦関係を通して自分自身に気づき、解放していくことができた、女性としての劣等感も払拭していったとおっしゃっていましたが、紘矢さんが一番学んだことは何でしたか。

紘矢　「感謝すること」でしょうね。

それから、「愛とは何か」。

亜希子　夫婦ってね、片方が学べば、片方も自動的に学んでいくんです。

紘矢　それはあるね。

福元　「夫婦は合わせ鏡」ということでしょうか。

亜希子　それもあるけれど、**エネルギーがつながっている**からなの。

片方のエネルギーが変わると、それが相手にも浸透していって、相手もどんどん変わっていってしまうんです。

でも、そういう場合、相手は自然に変わるから、本人はあまり気づかないのよ。だから、「自分は前からこうだった」って言うけれど、先に変わったほうは「違う、そうじゃない」って言う（笑）。

「昔はこんなに愛があふれていなかった」「もっと冷たかった」「自分のことしか考えていなかった」――って、紘矢さんのことを言っているわけではないのよ（笑）。

男の人が変わるのは、プライドもあるし、簡単ではないことが多いけれど、奥さんが変わると本当に変わるのよ。スピリチュアルなことに興味がないだんなさんでもね。親子でもそう。

私たちも、私が本当に自分をまるごと受け入れられるようになってから、彼がすごく変わりました。

そんなふうに、夫婦の場合、どちらかが先に**「変わる役割」を果たすというのが結構ある**んですよ。

私たち夫婦は明らかに私のほうが問題が多かったし、それから彼は性格的に自分の中よりも外に目が行くタイプなのに対して、私は内側に向かうタイプだから、学びやすかったのです。というか、学ぶべきことが多かったのでしょうね。

だから、私が先に変わる役割になって、私が学ぶにつれて彼が変わっていったのですね。

先にご主人が変わって奥さんが変わる場合もあるけれど、ほとんどの場合、女の人のほうが先ですよね。

磯崎　どうしてでしょうか。

紘矢　女性のほうが柔軟で、変わりやすいから。

亜希子　それと、ある意味、男性は変わらなくてもいい場合が多いんです。

というのは、いまだに男性社会で、女性の中にコンプレックスがあるでしょう？　だから女性のほうが自己価値観を上げていけば、平等になって、自然にバランスが取れるようになるんです。

人はみんな尊いんだから、男性が下りてくる必要はなくて、女性のほうが尊い立ち位置に上がっていけばいいんです。

磯崎　なるほど。

亜希子　男性社会だから、男性は最初から30センチくらいの高げたをはかせてもらっているんだけど、気づいていない人がほとんどで。

紘矢　いやー、気づかないんだよ。あたりまえだと思っている。

亜希子　逆にいうと、女性はマイナス30センチのところにいるのよね。そう気づいた人から、全員ではなくても、はい上がっていく。

それを、ある人はキャリアの中で上がっていくことで果たしていく。

一方、私のように、自分の中の劣等感を払拭していくという方法で果たしていく人たちもいるのね。

磯崎　自分の外側に向かうよりも、内側を見つめていくほうが本質的、根本的な解決策かもしれませんね。

亜希子　**人や状況を本当に変えたいなら、やはり自分を変えるしかないん**ですよね。

磯崎　自分を変えていくことは、世界を変えていくこと、ですね。

紘矢さんは、亜希子さんが変わったとき、どうでしたか。

紘矢　夫婦関係がすごく楽になった。でも、最近だよな。

亜希子　3年くらい前ね。

でもそのときも最初やっぱり彼は気づかなくて、前と同じように私の〝感情暴発スイッチ〟を押すようなことを言うわけ。

でも、**私にはもうそのスイッチがなくなっちゃったから、平気で「えへへ」とか笑っている**（笑）。

そのうち、彼も「なんだか変わったぞ」って思い始めて、自然と私にしんらつなことも言わなくなるし、前だったら頼んでもしてくれなかったようなことを自分からしてくれるようになった。

紘矢　それはよくわからないけど（笑）、余裕が出てきたのかなー？

亜希子　エネルギーが変わると、自然と変わってしまうのよ。

私は意識して変わっていったからわかるけど、紘矢さんは徐々にだから気づかない。どっちでもいいのよ、変わっちゃえば。

先に変わる役割を持つ人とは？

亜希子　人は人との関係で成長していくわけだけれど、そういうふうに先に変わる役割の人がどこにでもいると思います。

企業でも、誰かひとりのエネルギーが変われば、周囲に波及して、その部署全体が変わったりするでしょう？

それぞれの場所で**一人ひとりが自覚して学んで変わり始めれば、全体の速度はすごく上がる。**そういうことが今、世界全体で起き始めているんでしょうね。

磯崎　「学ぶ」というのは、本当の自分や宇宙の真理について知ったり、エゴや心理的なブロックから自由になったりすることですね。
すると、エネルギーが変わっていく――。

亜希子　そう、加速度的に。
昔にくらべると、今、みんな、学ぶのが上手になっていますよね。

紘矢　覚醒し始めている人が増えてきている。
ただ今でも、特に年齢が高いとね、変わらないまま、この世を卒業していく人は多いと思います。

亜希子　世の中の9割の人はまだ変わっていないと思う。1割くらいでしょうね。でも、30年前は1パーセント程度だったのだから、すごい変化です。

磯崎　10年くらいのスパンで見ても、やっぱりすごく変わってきたなあって感じています。
精神世界とは関係ない、ごくふつうのお母さんやお仕事をしている方たちの意識が上がって拡大してきたなあって。
特に若い世代は、「自分の魂の仕事は何だろう?」って意識したり、「本当の自分を生きよう」と決意したり。そういうことをふつうに会話できるようになってきたし、子育ても「魂と魂のおつき合い」として見ている方が増えていますよね。

結婚という執着

磯崎　夫婦間の問題が何もないという人はほとんどいないと思うんです。でも、そうした葛藤を通して、建設的に学ぶほうに向かっているならいいんですが、もしも、ただいがみ合って同じことを繰り返していたり、批判し続けていたりする場合は、いったん白紙に戻すことを考えるのもいいと思うんですよね。

亜希子　離婚したり？

磯崎　別居したり。

そのエネルギー・ループから、いったん物理的にはずれるんです。

「離婚したら経済的にやっていけないかも」とか「ひとりは不安」とか、「そうしないための理由」をよく耳にしますけど、もしも自分の直感がそちらを示しているなら、やってみたらいいと思うんです。

「夫婦になるべくして出会った」というのは確かでも、魂は自由だから、それにしばられなくてもいい。私たちはいつでも、どういう形でも学べる。一緒にいてもいいし、いなくてもいい。

すべてはなるようになっていく、シナリオにしたがって学ぶことは学べるようになっているのだから、**安心して好きな選択をしていい**わけですよね。

自分と相手がもっと認め合い、生かし合い、その先へ進んでいくために、魂がその先の景色を味わうために、「今、何ができるかな？」ってシンプルに打算なく見つめたら、結婚という枠をはずすのも全然ありだと思うんです。

あと、人間関係って、いったん離れて気づけることもありますよね。「相手に期待し過ぎていた。自分の中に依存心があった」「こんなに助けられていた」とか。

紘矢　相手が亡くなってから気づく場合もあるしね。

亜希子　相手の死を前にして、とか。

紘矢　老老介護の中で気づくこともあるかもしれない。

亜希子　それはしたことがないからわからないけど（笑）、私は確かに（紘矢さんのぜんそくの）介護をするなかで変わったわね。

紘矢　それはもう、**一人ひとりにふさわしい学びのチャンスが用意されている**からね。

亜希子　**危機はチャンス。**

磯崎　そうですね。そうした中で起きてくる自分の感情や物事から、つらくても目をそらさないで取り組めば、全部チャンスに変わる。

紘矢 でないと、また同じようなことが繰り返し来るから（笑）。1回でダメなら、また、って。

でもね、必要なくなったら、もうひどいことは人生にやって来なくなりますよ。

人生に起きることってみんな、必要な学びがあるから自分の魂が引き寄せている。

試練って、魂が求めているから、来るんですよ。病気も事故も別れも。

亜希子 観光旅行に来ているみたいな人生もいいけれど。

福元 観光旅行？

亜希子 親との葛藤もなくて、いい結婚してお金もあって子どもも何も問題なくて、楽しくて、「はい、さようなら」って帰っていく……。

紘矢 そんな人はいないったら。

亜希子 いや、いないけど（笑）。

紘矢 みんな、人生、たいへんだと思うよ。皇室や王室に生まれてもたいへん、映画スターの家に生まれたって、有名になっても大富豪になってもね。

結婚は魂をみがき合うためのもの

磯崎　けんかしたりしても、根底に、「自分はこの『人』というよりも、相手の『魂』と結婚したんだ」という意識があれば――。

紘矢　学びの速度が全然違うね。

そりゃあ、もう、人間の本来の姿は実は魂で、**夫婦関係というのはその魂をみがくためにやっているる**んだってわかっている人は早いだろうね。

亜希子　そうね。

でも、それをわかっていても、私は時間がかかった人だけど。

磯崎　夫婦関係って、意識的であれば、自分のエゴやブロック、トラウマとかから来る反応パターンを発見する絶妙な装置かもなぁって思います。

それにしても相手との関係、自分との関係、自己成長、いろいろなことに同時に取り組んでいくとなると、なかなか――。

紘矢　**「やりたい」と思うことを、どんどんやっていけばいいだけ**ですよ。

磯崎　ああ、そうか。そうですね、素直に。シンプル！

紘矢　自分をよく見ることが大切。自分のハートに従って生きていこう。

磯崎　「やりたいことがわからない」という人もいますね。

紘矢　それは自分を押し殺してきてしまったから。あと、自信がないんだね。

磯崎　自信が育っていないのは——。

紘矢　育てられ方だよね。

磯崎　むむむ。となると、根深いですね。

でも、「じゃあ、今ここから、どうしようか」っていうと、少しでも自分の心が動くこと、惹かれることがあったらやってみる、自信がなくても飛び込んでしまうのが手っ取り早いのかなって思います。

うまくいけば自信につながるし。そうでなくても学ぶことはあるし。少なくとも「挑戦できる自分」を経験できて、それは人間力や自信を養っていきますよね。

亜希子　75年生きてきて、自分の人生を振り返って思うのは、**「自分の好きなことがわからない」「やる気も起こらない」というときがむだかというと、そうではない**ということなんです。

その間にも実は自分の深いところで、火山のように静かにマグマが動いていて、それが次第にわき上がってきている。

それがやがて時が来て、プシュって吹き出して、それで「あ！」って思って動き始める。だから、自然に動き出すのを待っているのも正解だと思うの。

紘矢　人生すべて、むだはない。自分が決めてきたシナリオを信頼しよう。

亜希子　だからそういうときは、目の前にあることをそれこそ粛々とやっていくだけ。

紘矢　日々を楽しむ。

亜希子　そういうときは楽しくなくてもいいから（笑）。

紘矢　せいいっぱい生きて、夜には「ああ、今日もやっと終わってくださった」って。

亜希子　ただ感謝してやっていくとね、それが終わったときには自然に何かがやって来るものよ。

「もんもん」とするのもいい人生！

亜希子　私も大学を卒業するころにうつ病になって、２年間、全然動けなかったり、病院に入ったりしてむだにしました。でも本当は、その２年は全然むだではないんですよね。

やっぱりそのあとの**自分を見るための練習、第一歩**だった。まだ若くて自分を見られるようにはなってはいなかったけれど、あの時間がなければ、その後はなかったし、大体、紘矢さんに会っていなかった。

磯崎　卒業を前に、「自分は、本当はこれから何をしたいのか」がわからないことにはたと気づいてがく然として、心の調子がくずれていって、いったん就職は取りやめて大学院に進んだのでしたね。

そうした中で通い始めた英会話学校で、紘矢さんと出会った。

亜希子　そう。それから20年経って、この仕事を始めてから、今度はそういった相談を手紙やメールでたくさんいただくようになったんです。

お一人ひとりにお返事をしていたのですけど、「私もうつ病だったのよ」というあの2年間があったからこそ、みんなの気持ちがわかるし、どう答えればよいかも出てきたのだと思います。

誰ひとり、今の状況をあせる必要はないのです。自分の人生は本当に計画されている、決めてきているんですもの。

うつ病でも体の病気でもね、そういう経験をしているときは、**人生にとってものすごく大事なとき。**人生60年か80年か、その中の1年2年、10年だとしても、絶対むだじゃないんですよね。

もんもんとしているのも、いい人生なんですよ。

紘矢　経験に「いい」「悪い」はない。すべてがよい体験なのだよね。

亜希子　自分の魂が「体験したい」と思っていることを体験しているだけだから。

磯崎　魂が「もんもん」を経験したがっている！

紘矢　そうそう。少し離れて天から見たらね、誰もむだなことはやっていない。

磯崎　「宇宙は一分一秒くるいなし」、すべてが絶妙のタイミングで起きているから。

魂の本当の望みはどこにある？

福元　うつの渦中にあっても、「この先に絶対いいことが待っていて、この経験はむだにならない」って固く信じていられれば、自分の中に吹き荒れる嵐に耐えていくこともできると思うんです。

でも実際には、動きたいのに動けない自分、思いどおりにならない自分がいて、それに対して家族やまわりの人も理解がないと――。

亜希子　たいへんですよね。

福元　私の友人は双極性障害で、元気なときは人一倍活動的で、うつ状態に入ると一日中ベッドから出られなくて。そうなると、医師から診断が出ているのにもかかわらず、家族からは「手伝いもしない」と責められてしまう。
そういうときって、どういうふうに自分を信じ続けたらいいのでしょうか。

亜希子　そんなことはできませんよね。

紘矢　ただ体験するよりしかたないのですよね。

亜希子　厳しいことを言うようだけれど、**魂の本当の望みというのは、そこにあるんですよね。**
私も短い間だったけれど、うつ病だったときって、どうしようもなかったもの。いくら親きょうだいがよくしてくれても、誰が何をしてくれても、やっぱり自分の中に起きてくることとって……どうしようもないものね、本当に。
この本だって、いろいろな人の力になればと思ってつくっているけれど、そんなときは本も読めませんよね。
もし、この本を読んでくれて、心に響くようになっていたら、もうそこから出る準備ができているということでしょうね。

磯崎　心って、いったん壊れてしまうと、健康を取り戻すまで本当に時間がかかりますよね。

亜希子　この本は、そうした状況までいかないためのサポートブック。

紘矢　浮き輪、ブイのようなものかな。ぼくらがするのはただ本を出すことだけ。あとは、**時期が来ている人のところへ届く**ように祈ります。

それで、そこで「そういうことだったのか」と気づいたり、「救われた」って思ったりしてくだされば、うれしいです。本も、出合うときに出合うようになっているんですよ。

苦しみも喜びも魂が学びたがっている

紘矢　実際、この30年、全然知らないいろいろな人から「山川さんが訳した本のおかげで救われました」って言われてきたよね。それはぼくらがどうこうしたからというより、その人が自分で本と出会ったのに、ぼくたちに感謝してくれる。

亜希子　印税だっていただいているのに、感謝までしていただいて、ありがたいことです。

と思うと、一年くらい必死で電話やメール、実際にお会いしたりしてご相談にのっていたのに、人づてに「うらんでいるそうよ」って聞いたりすることも（笑）。

紘矢　わははは。そういうこともあるよ、大丈夫だよ。

亜希子　でも私、何とも思わないのよ。「ああ、そうかー。申し訳なかった」っていうだけなの。

人間同士、当然、期待に応えられないことはあるものだし、仕方ないわよね。受け取り方はその人、その人よね。

磯崎　「ゲシュタルトの祈り」※にもありますけど、誰も他人の期待に応えるために生きているわけではないですものね。

でも、社会では、人や組織の期待を察知して応えるのが美徳だったり、優秀さの証《あかし》だったり、評価につながることが多くて、そう育つように仕向けられるところがありますよね。そうふるまうように、無言の圧力をかけられたり。

そういう中で、いつのまにか、「本当は自分が何をしたいのか」とか、自分の本当の声、本音が聞こえなくなってしまう。

私もむかし、勝手にいろいろ察しては人にすごくやってあげてしまって、いつの間にか相手からそれがあたりまえだと思われて、そのうち勝手に疲れきってしまうというパターンがあったんです。

相談にのり続けるとか、代わりにやってあげるとか。仕事も頑張りすぎて負担が増えていったり……。

※ゲシュタルトの祈り
精神科医フレデリック・パールズが創始したゲシュタルト療法の精神を表現した詩。「私は私のことをし、あなたはあなたのことをする。私はあなたの期待に応えるためにこの世にいるわけではなく、あなたは私の期待に応えるためにこの世にいるわけではない。あなたはあなた、私は私、もしも互いに出会えたなら、それは素敵なこと。もしそうならなくても、しかたのないこと」

でも、無理を重ねていることに気づかれないんですよね。気づかれないから、別に感謝もされない。むしろ、もっと頼まれたりして。

紘矢　自分のために生きないと。

磯崎　はい。ミーファースト（笑）。

それと、**苦しみも困難も、その人のものとして尊重することが大切**なんだって、遅まきながら、よくわかってきました。愛と祈りを送りながら、見守っているだけでいい。でも、それが実はとてもパワフルな力を発揮してくれるんですよね。祈りの力ってすごいなあと思います。

あと、「たいへんだ」って言っていても、たいへんそうに見えても、「すべては大丈夫」なんだし。

アメリカの友人が刑務所で女性の囚人の方たちにマインドフルネス瞑想を教えているんですね。性的虐待を受けた人がとても多くて、そうでなくても過酷な経験の末に、そこに来ることになった人が多いそうなんです。

何年も相談にのりながら、その友だちも、「最初は何とかしてあげたいと思っていたけれど、その人自身に苦しみを乗り越える力があると信頼して、それを尊重しようという結論に至った」って言うんです。

代わりに背負おうとするのは全然違うし、救おうというのは、本当は傲慢なんでしょうね。

その魂が経験し、学びたがっているのなら、なおさらそうですよね。

だから人の苦しみも喜びも、同じように祝福しようと思うようになりました。

亜希子　自分を信頼し、他人も信頼することよね。**すべては宇宙の一部、神さまの一部だから、大丈夫**なんですよ。

友だちから相談されてね、「こうすればもっと幸せになれるよ、人生を楽しめるよ」って話しても、ちっとも聞かない人っているでしょう?

その人は「自分はこんなにたいへん。つらい」って言うけれど、よく見ていると、苦しみや悲しみでいっぱいの人生だからこそ、楽しんでいたりしてね。

私もずっと自分が好きになれなくて、他人の評価で生きていて、いつも不安でおびえていたけれど、そんな疾風怒濤《しっぷうどとう》の人生を結局は楽しんでいたんだと思うの。

どんな魂も、結局はやりたい人生を送っているんですよ。

そう思うと、自分も人も愛しくなってきますよね。

精霊からのメッセージ

夫婦・結婚の関係について

夫婦の関係を持つのは、あくまでも地球でのルール、
それも「今」という一時《いっとき》のことに過ぎません。
そのルール自体も今、どんどん変化していますね。

魂の学びという意味では、
夫婦の関係もまた、
自分自身との関係を学ぶために
とてもうまくつくられたしくみです。

2人の男女の関係を法律で固定し、
お互いへの義務、役割分担、子育てに関するルール、
離婚のしにくさなど、
さまざまなしばりや「あるべき姿」を付加して、

現在の夫婦関係がつくり上げられました。
2人の男女を特別な関係に閉じこめて
夫婦という一つのかたち、社会の最小単位をつくり上げ、
子どもを生み、育てると取り決められたのです。
このかたちはいくらかはうまくいきましたが、
実は人間を苦しめてきたほうが多いのです。
そして、まさにその苦しみこそが、
あなた方が互いに魂をみがき合う場として、
夫婦関係を選んできた理由です。

その苦しみを体験してそこから自分自身を見つめるために、
そのような場を人間はつくり上げ、守ってきたのでした。
さらに、もっと効率的に学ぶために、
魂は最も自分にふさわしい人、つまり最も自分を鍛えてくれる人を
苦しみを与えてくれる人、自分を見つめるきっかけをくれる人を
結婚相手として選んできました。

もちろん生涯、「ラブラブ」という夫婦もいますが、少数でしょう。
すでに魂みがきがほとんど終わっている人なのかもしれません。
多くは愛し合って結婚しても、いざ一緒に生活し始めると、
さまざまな課題を互いに与え合います。
愛し合うようになったのも、その課題を与え合うためだったのでしょう。

ですから、夫婦には課題があってあたりまえなのです。
それも他人には与えられない、鋭い痛みや苦しみを伴ったりもします。
夫婦は最も親しい関係であり、いっしょにいる時間も長いもの。
そして多くの場合、相手はあなたのソウルメイト。
そこまで親しくないと与え合えない課題や問題を通して、
お互いの成長を助けるのです。

ですから、夫婦には争いがあってあたりまえなのです。
そこから、あなた方は多くを、人間関係の真髄を、

つまり自分自身との関係を学ぶのです。
すべての問題は自分自身がつくり出していることを知るのです。

このことに片方が気づくと、夫婦の関係はどんどんよくなっていきます。
そして、夫も妻もそれぞれに幸せを得て、
穏やかで平和、しかもエキサイティングな関係をつくり出すのです。

自分自身を知った結果、離婚することになったとしても、
それは幸せへの第一歩になることでしょう。
その人との学びが終わっただけなのですから。

結婚制度という、男女の間を固定化する関係は
これからどんどん減っていくでしょう。
もっと自由でゆるやかな関係へと変わっていきます。
その変化はすでに始まっていますね。
人びとの学びの課題もやり方も、今は急速に変わっているのです。

自分自身を知り、自由で自立した男女が
婚姻制度という社会制度にしばられずに、
ともに自由に生活するようになるでしょう。
尊敬し合い、大切にし合って、
愛と平和にあふれた人生を送るようになるのです。
それを実現した人びとが今、少しずつ現れています。
そしてそれは男女だけでなく、同性同士でも同じです。

魂の約束　その2

――自分

女性に生まれることを魂が選んできた理由は？

磯崎　ここからは「自分の魂との約束」というテーマですが、亜希子さんは、特に夫である紘矢さんとの関係によって、自分がこの世で果たそうと約束してきたことに気づき、本当の自分に近づいていったということでしょうか。

亜希子　彼がいてくれたからこそ、というのはあるでしょうね。

私の今生ですることのひとつは女性の解放だと思っているんですけど、それも前に話したように彼がいたからこそで、つらかったけれども、いろいろな気づきがあり、進めてこられたのかなと思います。

今、「女神の時代」とか、「女性性のエネルギーが大切」といわれるけれど、それは女性優位ということではなくて、これまで崩れていた男性性と女性性のエネルギー・バランスを取り戻すということなんですよね。

たとえば、これまで男性は「泣くな」「感情を出すな」と言われていたけれど、感情も感じ、表現もしていく。一方、女性は**自分の神性、価値を認める。**

これまでは、社会的な地位や経済的なことの獲得、達成、具現化がよしとされて、男性エネルギーあるいは陽のエネルギーにかたよっていた。でも、これからは愛と平和、感性といった女性性のエネルギーがもっと必要ですよね。

そして、男性と女性、それぞれがバランスを取り戻すには、女性はただ、「自分が尊い存在だった」と思い出せばよくて、男性は自分の中の女性性、ヴァルネラビリティ（vulnerability）、つまり優しさや弱さ、感受性に気づけばいいだけなの。

磯崎　亜希子さんは、そうした役割を果たしたいと思って、女性を選んで生まれてきた？

亜希子　そうだと思います。

それと、これまで彼とは転生しながら何回も夫婦をやってきていますが、初めてアメリカでリア・バイアースから前世について教えてもらったとき、彼はロシアや中国で革命家をやっているのに、「私は？」って聞いたら、「その奥さんです」って言われたのよ。

それって、つまんないって思ったの（笑）。だから今生は、「女性として生まれながらも平等に並び立つのがいいな。そのほうがおもしろいわ」って思ったのでしょうね。

これからを生きる女性たちへ

福元　先ほど、「女性の自己価値観が低い」というお話が出ましたが、今も低いんでしょうか。

亜希子　まだ低いですよね。でも、変わってきましたね。

『宇宙で唯一の自分を大切にする方法』（角川文庫）という本は、私がずっと講演してきた内容をまとめたものなんですね。

私は自己嫌悪や「自分には価値がない」という思いに苦しんできたんですが、その理由は実は「自分が女の子だったから」でした。そう話すと、30年前、講演会を始めたころは、7割の女性が泣いていたんですよ。それも、おいおいと泣くの。

今は1割くらい。それくらい変わってきたんですよ。

磯崎　亜希子さんが生まれたのは旧家で、跡取りの誕生が望まれていた。でも女の子が続いて、亜希子さんは3人目で。

ものごころついてからずっと、お母さんに「あなたが生まれたとき、誰も喜ばなかった。女の子だからいらないって、みんなが言ったのよ」って聞かされていたのでしたね。胸が痛みます。

亜希子　私が講演会を始めたのは40歳過ぎで、聞いてくださる方も同年代が多かったんです。戦争の前後に生まれてきた方が中心で、みんな、大なり小なり同じように、お父さんやお母さん、親戚から「女が生まれちゃった」って思われる経験をしていたんですね。

それは言葉にして言われなくても伝わっていて、どこかに「自分はセカンドクラス・シチズン（二級市民）だ」という意識がずっとあった。それがご主人との関係でも職場でも表に出てきてしまう。

そのへんの問題はずいぶん解決されてきたと思うんですけど、最近も日本は世界男女平等ランキング２０１７で１１４位でしょ。

磯崎　はい、過去最低を更新したんですよね。

紘矢　どうして、政府はもっと女性の活用を本気で促進しないんだろうか。

国会議員も、いったん30パーセントは女性枠にしてみるとか、それくらいする必要があると思います。

磯崎　１１４位でも変えようとしないということは、それを恥ずかしいと思っていないのでしょうね。

磯崎　男の人はすでに男の人同士で競争するのに必死だから、わざわざ女性を入れようとは――。

紘矢　さては、自分たちの議席が減ると思っているんだな（笑）。

亜希子　それに、女性の論理構成って、男性と違うでしょ。だから、きっとやりづらくなるのよね。

磯崎　紘矢さんはオープンだから「誰でもおいで」「みんなでやろう」だけど、古い人ほど男同士で、慣れ親しんだ男性的な論理の中でやりたがる傾向があると思いますよ。

紘矢　女性が入ってくるのが怖いんだろう（笑）。

磯崎　そういえば、ＯＥＣＤ（経済協力開発機構）の２０１８年発表の調査でも、日本の教育機関への公的支出は最下位。それも４年連続でしたよね。

紘矢　日本は、落つるところは落つるなあ。

亜希子　しかも、もっと減らそうとしているんでしょ。

磯崎　将来はキミたちに年金とか社会的な負担をしてもらうよ、でも大人になるまでの教育費は個人任せだよ、というのはおかしいですよね。

「ありがとう」という言葉のパワー

磯崎　自分を「魂」としてとらえたとき、直感に耳を澄ませるというのは、魂の声に耳を傾けること、自分に正直に生きるというのはその声に従うこと。

魂の学びというのは――？

紘矢　**自分をゆるして、愛して、自分が100パーセントOKになっていくプロセス**ですよね。自分が生きていくのも楽になるし、夫婦関係、人間関係も楽になる。もう悪いことが起きなくなってくると思う。

ぼくはいろいろなことを通して、信心深くなりましたね。神さまを信じるようになった。**流れるままに流れていたら、そうなった**んです。

そうすると、神さまに感謝するようになって、そしたら山の神（妻）にも感謝するようになったし（笑）、まわりの人にも感謝が深くなった。

亜希子　彼は、もともと感謝ができない人だったから。

磯崎　ご著書『輪廻転生を信じると人生が変わる』（角川文庫）にも「ぼくは昔、『ありがとう』が言えない人間でした」とありました。

亜希子　で、**「ありがとう」事件**があったのね。

福元　「ありがとう」事件というのは？

紘矢　ぜんそくがよくなってきて少し動けるようになってきたころ、意識教育研究所の波場武嗣《はばたけつぐ》さんのセミナーに行ったんですよね。

そのセミナーでは、参加者全員で手をつないで「お父さん、ありがとう。お母さん、ありがとう」と唱えるんです。ぼくは「うわー、**まるで子どもだまし**だ。幼稚園か小学生みたいだ」って思っていて。

家に帰って、家内から「どうだった?」って聞かれても、「とてもつまらないセミナーだったよ」って。

それから疲れていたので別の部屋に行って横になっていたら、いつのまにか眠っていたみたいなんですよね。気づいたら、自分の口から「**お父さん、ありがとう。お母さん、ありがとう**」っていう言葉が自然に出ていたんですよ。

そこからは両親、兄弟、今までお世話になった人、会ったことのある人の顔が次から次へと現れて、その一人ひとりに「ありがとう、ありがとう」って。もう全身で勝手に唱えていて、感謝が止まらなくなっちゃった。

そのうち、アメリカの地図、ほかの国の地図が次々現れて「アメリカのみなさん、ありがとう」「アフリカのみなさん、ありがとう」と叫んでいるうちに、**自分の体がどんどん大きくなって地球を超えて宇宙に広がり、宇宙とひとつ**になってしまった。

亜希子　私は別の部屋にいたから、突然「ありがとう! ありがとう!」という大声が聞こえてきてびっくり（笑）。

紘矢　そこから、病気が本当に回復に向かったのです。**「ありがとう」という言葉の力**はすごいですよね。

とうとう自分に100パーセントOKが出せるように

亜希子　でも、「ありがとう」事件があってからも、私にはほとんど、「ありがとう」とは言わなかったわー。

紘矢　うふふ。

亜希子　もうひとつ、彼が大きく変わったきっかけだと思うのは、数年前、私に緑内障が発見されて、体調もどんどん悪化していったころね。

うつもひどくなり、毎晩、ひとりで泣いていたとき、友だちにアドバイスされて、カリフォルニアのエサレン研究所へワークスタディに行っていた彼に「帰ってきて」って思いきって頼んだら、帰ってきてくれたんですよ。

磯崎　そこまで体調が悪かったら、家族に「帰ってきて」と言うのは当然だと思うんですが。

亜希子　でも、彼はエサレンが大好きで2カ月間滞在することを決めていたし、「私のために帰ってきて」とは絶対に言えないと思っていたのよね。

まだまだ自己否定のクセが残っていたんでしょうね、自分のために他人に何かしてもらうのがとても心苦しかった。

彼が帰ってきたら、私が本当にフラフラしていたので、彼も優しくしてくれるようになったし、私自身も自分についての勉強が進んでいたこともあって、そのあたりから彼との関係がとてもよくなっていったんです。

それでも、まだ1年に1回くらい、けんかしていたの。それは、「自分なんて」という自己否定の思いグセがときどき起きてくるから。

30年くらい前に、友人のデイビッドから「自分自身を本当に好きで愛していれば、この世に問題はまったくなくなるんだよ」と教えられてからずっと、そのことに取り組んできたのだけれど、まだ99パーセントしか好きになれていなかったのよね。

残りたった1パーセントなんだけれど、それがもう至難の業で。

それが**「私は完璧、このままでＯＫ！」**という世界にシフトできたのが、3年前。

それまでもＥＦＴ※（タッピング）や「ジャーニー（165ページ）」など、いろいろなものを学んで助けられてきたのですが、その年、「エモーション・コード※」を使ってヒー

※ EFT
Emotional Freedom Techniques。「気」を整えることによって、感情的な苦痛やストレス、身体の症状を解消するテクニック。

リングするカレン・シークスさんと話しているときに突然、そうなったのです。

その数日前に、また「自分なんて」という自己否定の思いグセが起きて、そこから夫と言い争いになって気になっていたので、カレンにその相談をしたんですね。

そしたら、「それはあなたの今の本当の気持ちではないと思う。あなたは『自分なんて』という気持ちに中毒しているだけよ。その気持ちがちょっと出てくると、それに酔ってしまうのでしょう」「**あなたは、本当は自分が好きなんでしょ**」って言われたの。「あ、そうか、なーんだ」って。何かがその瞬間、変わって、あっけなく自分自身を完全にゆるし、認め、自分にOKを出せるようになったのよ。

それこそ、「そのときが来ればわかる」というもので、何がそんなにすごかったとかいうことじゃないの。

紘矢　だから、ぼくが優しくなったとかいうよりも、彼女が変わったからぼくがふつうでいられるようになった、ということだと思うんだ。

磯崎　うーん、でも、紘矢さんもすごく変わったと思います。10年前は正直、時折、少々怖かった（笑）。違う意見を言ってはいけないような。
今はそばにいると、ほっとして気持ちが明るくなる。みんな、自然にゆるんじゃいます。

※エモーション・コード
ホリスティック医師、Dr. ネルソンによるヒーリング手法。過去のトラウマなどから生じ、本人の人生に影響を与えている感情エネルギーを筋反射テストなどで特定し、解放する。詳しくは174ページ参照。

エネルギーもすごく変わったと思う。もっと細やかで密度が濃くて温かい。

亜希子　ものすごく変わったわ。

紘矢　ああ、それは信心深くなったから。

ぼくはずっと、「神なんて、絶対にいない。神なんて、弱虫人間の妄想だ」と思っていたけど、精霊たちからの日々のメッセージのおかげもあって変わったんです。

亜希子　誰に対しても、優しさが深くなったと思う。

紘矢　時とともにそうなるようにプログラムされていただけだよ。老いてきたし（笑）。

磯崎　むしろどんどん若返っていると思いますけど！

亜希子　彼は自分の変化に気づかなくていい人なのよ。悟った状態を話せばいい人。私はそのプロセスを経験して、みんなと分かち合う役割の人。役割が違うのね。

ぼくは今、宇宙で一番幸せ

紘矢　前は**「ぼくは今、宇宙で一番幸せ」**なんてとても言えなかったけど、今は人前で臆面もなく言えるようになったな。

今はもうほとんど何でも受け入れられちゃう。これもOK、あれもOK。奥さんのこともいい人だと思っていたけど、「あ、宇宙一、いい人だ！」って（笑）。

磯崎　いいですねえ。

紘矢　昔はそんな言葉、とても使えなかったけれど。

亜希子　彼はもともと意識が外に、悟りとか宇宙意識といったほうへ向いているの。人と人との関係や心理にはあまり関心がなくて、そのへんのことはすーっと素通りしてきた。

でも、さっき言ったように、私が体調を崩したのでエサレンから帰ってきたら、私が真っ青な顔でフラフラしていて、それでやっと少しずつ優しくなっていったと思う。それまで彼はずっと自分は体の弱い人、私は丈夫な人って思っていたから。

磯崎　紘矢さんがぜんそくになって一度発作が起きると36時間、息もできないような苦しさが3年くらい続いて、その後も回復は少しずつだったから、亜希子さんは翻訳の仕事を続けながら、介護第一で生活されていたのでしたね。

それが、亜希子さんが何度か倒れるくらい、状態がよくなくなって。

紘矢　ぼくは人との関係で学んだのではなくて、学んで、人に感謝できるようになったって思う。

亜希子　でも、彼は、私が彼を看病していたようにはしないけれど、それでも立場が逆になったことで、私がしたことへの感謝や思いやりが生まれたと思う。
ただ、彼の関心事は人よりも神とか悟りだから、人間関係に何が起きても、神との関係で起きていること、神さまの教えであり、学びだととらえるから、今でもまだ、あまり相手には感謝をしない。みんな神さまのおかげだからと、神さまだけに感謝しているの。

紘矢　信心深いんです。

亜希子　信心深い人が誰でも人に優しいかというと、そうではないでしょ。神さまとばかり話していて、人には優しくない人もいるし。

紘矢　それはまだ、愛とか優しさとかがよくわかっていないからじゃない？
ぼくには愛というものがわかる資質があったのかな？

亜希子　いや、なかったと思うけど（笑）。

紘矢　みんな、「私たちは愛の中にいる」って思ったらどうだろう？　そしたら、「あっ、自分も愛だ」ってわかる。
ぼくはどんどんそれが深くわかるようになっていっているんだけど、人に言っても、わからない人が多いんだ。

磯崎　それは――まだ怒りとかさびしさとかがいっぱいあって、苦しみから抜けられないからではないでしょうか。

紘矢　さては、それが心地いいんだな～。

磯崎　まあ、はい。なじみの古いパターンなので。

紘矢　そっちのほうが気持ちいいんだなー（笑）。

愛は知らないからこそ学べる

亜希子　でもね、紘矢さんだって、どうして愛がわかったかというと、その前は知らなかったから。

それを精霊や人、さまざまな出来事を通して教えてもらって、わかるようになった。

紘矢　そうそう。

亜希子　だから別に、資質があるわけじゃない（笑）。

ただ、教えてもらうときが来て、精霊たちが「このままじゃ困るから」って教えてくれたから、わかるようになったのよ。

磯崎　「愛と平和のために働いてもらうからには、愛について学んでもらいましょう！」と、ぜんそくや「ありがとう事件」などなどを通して特訓されたわけですね。

紘矢　だけどねえ、そこまでの愛がわかっていない人が多いよ。

亜希子　その「自分は特別」みたいなのは間違っているのよ。

もっと深くわかっている人だって、いっぱいいるんだから。

紘矢　でも、お坊さんとか精神世界の人でも、愛がわかっていない人がいるなあって思わないかい？

亜希子　そうだとしても、「わかっていない」って決めちゃうことはないよね。

誰が一番ということもないし。

紘矢　どんどんわかってくれば、みんな同じだということがわかってくる。どんな人も、すごく尊い。

そういう平等感というのは、自分の中ですごくなってきたよ。ただ、なかなかゆるせないのは――政治家なんだけど。

一同　笑

紘矢　でも！　政治家でも！　ゆるせるように、「あの人たちも学んでいる段階なんだな」と。

磯崎　いつか愛に目覚めるために。

自分を一番大切にしよう

磯崎　紘矢さんはぜんそくだったころ、精霊から「おまえは愛を知らないから、教えよう」と言われて寝た夜、宇宙に浮かんだ地球が愛につつまれているビジョンを見せられたり、さまざまなレッスンを受けたりしましたね。

今はそのころよりもさらに愛や感謝が深まっているんですね。

紘矢　はい、だんだんそうなってきました。歌ったり、スピリットダンスを踊ったりしていくうちにね。

本もたくさん読んでいるんですよ。非二元論[※]なんかも勉強しているし。

非二元論では「自分というものは存在しない」としているから、「自分を大切にしよう」というぼくとは違うんだけどね。ぼくには、大切にする「自分」がいる。

ただ、ぼくが大切にしようといっているのは、「エゴの自分」じゃないんですよ。もちろん、**エゴもゆるしていく**んだけれどもね。

でも、こないだ、非二元論の方たちからいただいた本に「自分を無にして、人のために生きよう」と書いてあって、これにはぼくは逆の意見なんだ。

でも、「ああ、逆からのアプローチもあるんだなー」と。つまり、「『自分、自分』っ

※非二元論
確定的な定義があるわけではないが、一般に善・悪、自・他といった二次元的な価値観は人間がつくりだした概念であり、本来、すべてはひとつであるとする。また、「悟り」とは自己の消滅、本来、自己というものはないという真理に至ることとする。

ていって、エゴが行き過ぎているのはよくない。そういうエゴはなくそう」という意味で、「自分をなくそう」といっているんだろうって。

磯崎　アプローチの方法が違うだけで、同じように愛やワンネスを目指している。

紘矢　そう。でも、「自分のエゴだって、認めてあげていいんじゃない？」っていうのがぼくの立場なんです。

まず、「ミーファースト」！　自分を一番大切にすることです。

トランプさんや都知事も、言っているじゃない？　まあ、悪い例ですけどね（笑）。

ぼくらは、**「自分自身を知ろう」**というアプローチを取っている。**「すべては愛」「一人ひとりは愛の存在」「信心深くなろう」**というところから言っている。

信心深くなるって、どこか外側にいる「神さまをあがめる」ということではありません。

非二元論とは、「自分」の概念が違うんだね。ぼくがいう「自分」というのはエゴではなくて、もっと全体的な私。

亜希子　そう、魂。

エゴもゆるしてあげよう

磯崎　エゴって、自分自自身に気づくきっかけをたくさん与えてくれますよね。いろいろな葛藤や感情を体験させてくれて、そこに自分を知るヒントがいっぱい詰まっている。

だから、エゴをないことにして進んでいくのは――。

紘矢　あまり勉強にならないかもしれないね。

亜希子　ここの星ではね。

紘矢　エゴの自分をバッシングしないで、ゆるしてあげることから始まると、ぼくは思う。

亜希子　１００パーセント、丸ごと自分を認めてしまえばいいのですものね。

エゴがあるから、夫婦関係でも、ほかの人間関係でも、いろいろな問題が起きてくる。そして、その問題から学ぶことでエゴを取っていって――全部をなくすところまでいかなくても、自分にとって居心地のいいところまで行けばいいだけだと思いますよ。

紘矢　エゴって大切。それも自分だもの！

亜希子　すごく簡単なことなんです。

だんだん、「これはエゴ」とか区別しなくてもよくなっていく。「悟る」とかいうとすごく大きな、面倒なことになっちゃうけど、今、この人生が生きやすくなればいいじゃない？

魂のレベルで心地よく生きる

亜希子　私の実感というのは、もともとは自分のことが大嫌いで、卑屈になったり嫉妬したりして、でも苦労して苦労して3年前にやっと本当に「ああ、自分をまるごとOKってしちゃえばいいんだ」ってわかって受け入れたとき、本当にすごく楽になっちゃった。

それ以来、夫婦の間で口争いくらいはするけれど、けんかにはならない。仕事もほかの人間関係も順調で、ときどき倒れたりはするけど（笑）、すべてうまくいっている。だったら、それでいいじゃない？　っていう感じなのよね。

だから、「悟る」とか「悟らない」とか、「非二元」とかいろいろ言う人たちもいるけれど、私にとっては何も関係なくて、**「自分が引っかかっているところが取れてしまえば、楽になるよ」**っていうだけなの。

楽になっても、また、チラッと「自分なんて」という思いグセが出てくることもあるんだけれど、居心地が悪くなるくらいで、引きずられたりはしなくなる。

そうして徹底的に取れていくと、そのうち、「自分はない」という非二元までいくかもしれない。でも、さしあたり私の場合は、この世界で学ぶことは**「魂のレベルで心地よく生きていられる**ようになること」で、そうなったら、もう卒業だっていう気がしているの。

そうすると、非二元とか、悟るとか悟らないとか論じ合うのは、私には頭のお遊戯をしているとしか思えないの。

そして、それって、もしかしたら、つらいかもしれない。だって、人を説得しよう、わからせようとしているのって、つらいじゃない？

私なんて、人を説得しようなんて思わないもんね。

磯崎　うふふ。

亜希子　私はこう思う。で、相手はそう思わなかったら、「あ、そう」って。

磯崎　意見が違っても何でも、いつも「受け入れの法則」そのままに。

今ここにすべてがある!?

紘矢　究極はね、**すべては完璧だって、わかっちゃえばいいだけ**なんです。ほかの人もみんな、やるべきことをやっているだけだからって。

それがわかれば、本当のゆるしの世界が来るんですよ。

亜希子　**私たちの魂は全部知っている。**何もわかっていないように見える人も、すべて知っている。

そのうえでやっているわけよね。

磯崎　私たちって、ずいぶん物好きなんですね（笑）。

亜希子　しかも、やりたいところをやっているわけじゃない？

私も「自分を愛せない」っていうところをずっとやっていたわけだけど、そこはやり尽くしていやになっちゃったから、今はもう卒業したわけで。

紘矢　戦争だってそうですよ。いやになるまでやる。

だけど、ある程度、スピリチュアルに成長してくると、そうした争いの世界に巻き込まれなくなっていくとぼくは思う。

亜希子　違う世界に住んでいるから。

紘矢　もしかしたら、核爆弾で一瞬にしてパッと消えてしまうかもしれない。でも魂は死なないから、それもオッケー。

本当にその人に必要なことしか起きてこないように、この世界はなっていると思うんです。差別的ないい方になるかもしれないけれど、たとえば今、内戦に巻き込まれて苦しんでいる人は、もしかしたら前世が関係した学びをしているのかもしれない。本当に気の毒だけれど――。

どうなんだろうか。どう思う?

亜希子　いろいろな見方があると思うんだけど、時間というものは実はなくて、「今ここにすべてがある」という見方もできるのよね。

今、私は平和な世界で、健康に幸せに暮らしている。でも、不自由な身体で、貧しさや差別に苦しんだ人生もあったのよね。

そのどちらの人生も今ここで、同じように存在していて、ただどちらに焦点を当てているか、だけ。

だから、焦点を変えれば、前世と今は認識しているほうの人生にパッと変わる。

紘矢　魂をみがいてきたら、つらい前世に戻るのはいやじゃない?

亜希子　だから、前世も今生もないの。今ここがあるだけ。

そして、魂というのは成長するものではなくて、ただ「あっちの人生に行ってみよう」「こっちを体験してみよう」ってやっているのかもしれない。

何も時系列に考える必要はないってことかしら。

磯崎　今はこの人生にフォーカスして、夫婦関係を通して、自分の魂とも対話を重ねて、ある程度もうクリアした、やりきったと思いますか。

紘矢　そうですね。ただ、まだこの先、何があるかはわからないからね。老老介護になるかもしれないし。

ただ、みんな、あるところまでいくと、円滑状況に入ると思います。ぼくらも確かに円滑状況に入っていて、悪いことは必要ないから起きてこなくなっている。

あらゆる問題の根本的な解決策は心の平和

亜希子　まあ、老老介護を含めて何が起きても、私も彼ももう心の平和があるから大丈夫でしょう。もともと不安な人が老老介護をするのとは、また違った対応ができるでしょうね。

紘矢　そうだね。ぼくらは波にのまれず、スーッとのっていくように、対処できると思う。

磯崎　それはひとつ、根本的な対応策かもしれませんね。不安が強かったり、夫婦間の葛藤が残っていたりすると、介護のような問題が起きてきたときに圧倒されて、大問題になってしまうかも。

亜希子　でも、そうなっても、介護をきっかけにして学んでいくのですよね。

磯崎　そうですね。

さっき、紘矢さんが円滑状況に入っているっておっしゃいましたけど、確かにそうだと思うんです。たとえば、ラオスにご一緒したときも、台風のさなかに出発のはずでしたけど、実際は全然、大丈夫でした。到着してからは雨期なのに、ずっと美しく晴れわたっていましたね。降るのは、夜中やホテルでのお休みタイムだけ。いつもそんな感じです。

ただ、同時に、紘矢さん、亜希子さんを見ていると、自分自身の中に〝引っかかり〟がないことも大きいと思うんです。見ていて、「うわー、これもオッケーなんだー。受け入れちゃうんだー」って、その受け入れ力にびっくりすることがある（笑）。だから、問題が〝問題化〟しないで、円滑に進むんだなあって。そもそも問題視もしないし。

期待に反することが起きても、「それもおもしろいじゃない？」とか**「すべては完璧」**

「一分一秒くるいなし」って、ニコニコ。

意見や考え方が違っても「へえ、そうなんだー」ってサラッと受け入れるし、いやなことにもサラッと「それはノー」って断る。そんなふうにしていたら、それは問題にならないですよね。

亜希子　心の平和っていうことでいえば、少なくとももう**被害者意識**がないから、ほとんど「いやだな」とか感じないのよ。たまにあるかもしれないけど。

あと、最近は怒りを感じなくなりましたね。

磯崎　自分の中から被害者意識がクリアになるほど、侵害されている感覚というのは起きてこなくなりますものね。「どうしてそんなことを言うのか」とか、「私ばっかり」とかも。

ネガティブな言葉を向けられても「ふーん、そうなんだー」、ネガティブなことを言っている人がいても「ああ、そう受け取る人も世の中にはいるんだなー」って。それはその人の問題だから、こちらが引き受ける必要はないんですよね。

怒りって多くの場合、自分がないがしろにされているとか、愛されていないって感じるときに特に感じるわけだから、自分で自分がオッケーになれば、わかなくなっていくんでしょうね。怒りに使われていた感情エネルギーは、愛のエネルギーに変わっていく。

自分が宇宙の創造主だと自覚する

磯崎　それにしても、被害者意識って、どうして起きてくるのでしょうか。
亜希子　それは、**「すべては自分の責任だ」**ってわかっていないから。
紘矢　自分の人生はすべて自分が引き寄せているのに、「他人がこうしたから、こうなっている」って思ってしまっているんだね。
磯崎　そうはいっても、トラウマや家族との葛藤など、「こういう理由でこうなった」って、もっともな理由で苦しんでいる人も多いと思うんですけれど。
紘矢　それでも、**この宇宙の中心は自分、すべてをつかさどっている神である自分**なんです。自分が創造主。それがわかれば、きっと乗り越えられる。
「自分は何者か？」って見ていくと、「あ、魂なんだ」って気づく。そして、魂とは神なんだってわかっていきます。
磯崎　全部、自分で引き寄せているわけですね。
紘矢　ぼくらはみんな宇宙意識であり、全知全能の神であり、愛。個人的な意識もあるけれど、それは宇宙意識の一部。つまり、すべては同じもの、1つのものからできているんです。

科学でも、すべては素粒子という同じものからできているというでしょう? 同じことなんです。

すべては1つだとわかることを「悟り」というんでしょうね。

だから宇宙的に見れば、本当は被害者も加害者も存在しないのです。

亜希子 ただ同時に、三次元の世界で謝るべきは謝ることも大切ですよね。カルマを残していかないようにする。

磯崎 いわば究極的な次元とこの三次元、両方の世界を見ているというバランスが大事ですね。

亜希子 そうね。もうひとつ、被害者意識に関して参考になるかもしれないのは、人道活動家のサイマーさんがやっているセミナー。彼女によると、基本的に被害者意識というのは、親子関係で全部できてくるというの。

それで、セミナーではその解消につながるワークをするんだけれど、あとでやり方を紹介しますね(136ページ)。

思い込みをはずせば、内なるダイヤモンドが輝き出す

磯崎　紘矢さん、亜希子さんが自分自身の魂と深く対話していくにあたって、輪廻転生について学んだことも大きかったと思うのですが。

紘矢　過去世を知ることで、自分自身への理解も深まっていったしね。

みんな、輪廻転生があることがわかってくれれば、差別もなくなると思うんですよ。肌の色が違っても、違う洋服を着ているようなもの、誰もが役を演じているだけで、上も下もないってわかるから。

亜希子　よく、「和が大切」「人と仲よくしよう」というでしょう？　でも、それって方法論ですよね。

「お互いに魂として平等なんだよ」って、私たちが本当に根源の魂のレベルまで戻ってしまえば、方法論はいらなくなりますよね。

自然に仲よくなるし、方法論によるものを超えた、レベルの違う、もっと純粋なものが生まれてきます。

どの国の人、誰の中にもダイヤモンドがあること、あとはそれを輝かせていくだけっていうことがわかってくる。

私たちの場合はそこに行くために、彼は傲慢さを、私は自己卑下とか「自分なんて」という思いを取っていくプロセスがあった。

でも初めはね、みんな、「私は日本人だ、○○人だ」「日本は特別だ」「自分の国はすごい」、そういうのを自分の中に持っているんですよ。「自分はユダヤ人だ」「黒人だ」って。

磯崎　優越感とその裏返しの劣等感、その両方があるんですね。

紘矢　アメリカの黒人はたいへんだよね。

亜希子　アメリカで自分を知るためのセミナーを受けたとき、日本人が私ひとりだったことがあるの。60人くらいのクラスで白人じゃないのは私、黒人とプエルトリコ人がひとりずつ。

プエルトリコ人は見た目は白人だし、黒人の彼女もアメリカで生まれ育っている。私は英語もネイティブではないし黄色人種だし、ここでは自分が一番つらい立場かなって思ってたんだけど、一番は黒人の人だったの。

誰もつらく当たっているわけではないんだけれど、自分の中の差別意識に向き合わされるのね。そういうのがわーって出てきて、トイレで泣いたりしていた。

紘矢　自分の中にあるものに気づかされたんだね。

亜希子　もちろん参加者の中には、口に出さなくても実際に差別意識を持っている人たちもいるの。
　そうしたエゴは各人の中にあって、それをゲームを通して浮き上がらせるセミナーだから、出てきちゃうのよね。

人は「いやだ」と思う相手の中に自分を見ている

亜希子　たとえばね、「歩きながら出会った人に、それまで言っていなかった正直な思いを言いなさい」というゲームがあったの。そのときに、私はある男性から「ぼくはおまえがこのセミナーにいるだけでいやだった」って言われたの。
紘矢　異人種がいたらいやな人もいるからね。
亜希子　その前に、６人ずつのグループ分けしたときに、その彼と一緒のグループになっていたのね。それで、「しかも同じグループになって、ぼくはすごくいやだ」って。
一同　……。
亜希子　それを聞いた私の反応はね、「ああ、よかった」って。
一同　えーっ――！

亜希子　私はずっと、そこでは異質な存在で、「みんな、どこかで私がいるのをいやがっているだろう」って思っていたのね。

　自分は小さくなっていないといけない、どこかでそう思っている。だから、頑張ろうとも思っている。

　それをはっきり、彼に言われたとたん、「やっぱり私の思ったとおりだった」って、とても安心したの。正直に態度に出してくれて、うれしかった。

　でも彼は彼で、ゲームが終わって休憩時間になったら、そんなことを言ってしまったものだから、すみのほうで考え込んでしまっていたの。

　だから、彼のところに行って、「言ってくれてありがとう」って。

「私はここで黄色い顔した唯一の存在だし、英語もへただし、みんなに申し訳ないなって思っていたのよ。それをあなたがはっきり言ってくれて、うれしかった」って、そう言ったら、彼の顔がパッと輝いて、会話が始まったの。

　それでわかったことは、彼は子どものころにスコットランドからアメリカに来た移民で、小学校に行くと、同じ英語でもアクセントが違うのですごくいじめられて、異分子として差別されたのですって。

　だから彼は、私の中に自分を見ていたのね。

紘矢　自分の感情や偏見はどういうふうにできているのかに気づくと、そこから解放されるんだなあ。

亜希子　彼が私の中に見ていたものは自分の痛みで、私も自分の中に同じ痛みを持っていた。

彼にとって、私は昔のつらい自分を思い出させる存在だった。けれど、思い出すことによって、彼はその悲しみや悔しさを浄化できたのよね。それから彼はすごく明るくなったの。

磯崎　手放せたんですね。

そして、亜希子さんも解放されて――。

亜希子　明るくなった。そして、彼と大親友になったの。

人と人との関係で、**「あの人、いやだな」って思うことがあったら、それは自分を見ているの**よね。

紘矢　最終的には、自分と自分との関係。

自分を本当に受け入れ、愛していれば、問題はなくなるんだよ。

亜希子　ある会に通っている人がね、そこに集まる年輩の女性たちが批判的でいやだって言うの。

でもね、別の人は、その彼女から、「こんなことを言われてつらかった」って。

磯崎　同じようなことをしていたんですね。

亜希子　その人も正しい。ほかの人も正しい。

そういうことでもありますよね。

紘矢　自分が正しくて、相手が間違っている。そう考えるから、戦争も起きるんですよ。

磯崎　「正義は我にあり」。二元論的な価値観ですね。

そういえば、育児でよく、「ほめて育てよう」っていいますよね。私、あれも罠だと思っているんです。

子どもに「～できて、えらいね、すごいね」ってほめていると、実はその裏メッセージで「そうできないことはよくないんだ」「次もできないといけないんだ」と刷り込んで、結果的に一定の枠にはめてしまう。

紘矢　そうだな、ほめるというのは、**存在そのものをほめなくちゃ**ね。

亜希子　「あなたは私の宝もの」って。

紘矢　「～できたらえらい」っていうところじゃなくてね。

福元　親子でも、上司と部下、教師と生徒の間でも、「ほめてモチベーションをあげる」というのはよくありますけれど、そうすると今度は評価に頼るようになるかもしれないですね。

亜希子　そうね、だいたい、みんな、評価で生きているものね。自分がない。

私なんて、それを典型的にやっていたからよくわかる(笑)。一生懸命いい成績を取って、会社でも一生懸命働いて残業してね。

そういう習慣がつかなかった人たちが、(ビート)たけしさんとか、横尾忠則さんとか、既成の枠をはずれて活躍しているんでしょうね。

どんな問題もいつか解決するようになっている

磯崎　おふたりは、もし優等生の枠にはまっていなかったら、どうなっていたと思いますか。

紘矢　うーん……。優等生になることだけが生きる道だったんだよな?

亜希子　私は小学校4年生までは優等生じゃなかったもの。

宿題はしないし、遅刻はする。いつもぼんやりしている。問題児だったのが、4年生でたまたま受け持ちの先生にほめられたら、「ほめられると、こんなに気持ちいいのか」ってなってしまったのね。一瞬のうちに学習して、そこからは人からほめられるための人生をずっと生きてきました。

磯崎　それまで何かほめられたことは？　「明るいね」「優しいね」とか。

亜希子　全然。暗くもないけど、明るくもないし。

紘矢　ぼくは1年生から成績がよかったから、そこから成績一本（笑）。

磯崎　スムーズに罠にはまっちゃったんですね（笑）。

気づきのセミナーを受けようと初めて思ったのも、英語で行われるので、「英語の勉強になるから」という動機でしたね。

紘矢　そう。だから、うまくできている。

絶妙なプランニング！

亜希子　本当にね。

私も、彼にいくら勧められても「気づきのセミナーなんて絶対いやだ」って断っていたんだけれど、最終的に受けたのは、実は尊敬していた上司が同じセミナーの卒業生だってわかって、「受けたらいいよ」って勧めてくれたからなの。

その上司は、ほかの人と全然違っていたんですよね。優しくて、部下それぞれの能力をちゃんと発揮させたいという思いが強くて、束縛もしない。ゲイであることも隠さない。心理学者の彼と暮らしていてね。

磯崎　そんなに誰もが受けるセミナーでもないのに、受けていたんですね。

亜希子　そのころ、私がたまたま入った会社で、彼はその一年半前に受けていたの。準備されていたとしか思えなかった。

紘矢　すべては偶然じゃないんですよ。それをどこまでわかるか。

亜希子　だから、今、いろいろスピリチュアルな学びを深めてきていて、人間関係や何かのことでちょっと悩んでいる人がいたら、**「いつか解決するようになっているよ」**って伝えたいの。

「だから、リラックスしてね」って。

紘矢　受け入れの法則。

「そのとき」が来るのを待っていればいいんですよ。

磯崎　どんな問題も、「解決するとき」まで約束してきているから大丈夫なんですね。

紘矢　自分の運命を信頼する。

亜希子　そのプロセスで、本や人、気づきのセミナーに出会うこともあれば、何もないこともある。

何もなくても、ちょっとあきらめて力が抜けたとたんに、突然、状況が一変したりして解決しちゃう。

楽しんで生きるか、苦しんで生きるか

紘矢　人生でどん底を経験する人はね、経験していいんですよ。そこを通らないと、見つけられないものがある。

亜希子　『神との対話』（サンマーク出版）を書いたウォルシュさんみたいにね。

磯崎　紘矢さんもぜんそくのころは1回発作が始まると一日半、ほとんど息もできなかったんですよね。

福元　それが3年間も続いたのですね。

紘矢　あれは瞑想の時間だったのかもしれない。

磯崎　何も考えられないですものね。

紘矢　無の時間。息しているだけ。

亜希子　ただ呼吸に意識を向けている。

紘矢　行者さんみたいだねえ。

　薬で止めなかったからね。

福元　でも、「いつかは治る」と信じていたんですね？

紘矢　いや、全然わからなかったよー。

その渦中にいるときは、前途、真っ暗闇。

つらくて命を絶ってしまいたくなるときって、生きていると、あるかもしれない。

でも、何でも、最後までこらえれば、またいいところまで出てくるから。過ぎ去っていくから。

亜希子　死が悪いわけではないけれどもね。
そういえば、精霊に「すべての病気は治りますか」と聞いたら、「はい。死ぬことも治るということだとすれば」と答えられたという有名な話もありますね。

紘矢　飛行機の話もあるね。墜落していく飛行機から飛び出してしまったときに、ある人は恐怖でいっぱいになりながら落ちていって亡くなった、もうひとりは「気持ちいいから、飛ぼう」って両手を広げて落ちていって、やっぱり亡くなった。
人生ってそういうものだって。

磯崎　結果は同じでも、プロセスが違う。

紘矢　そう、恐れでいっぱいになって生きるか、手を広げて飛んでプロセスを楽しむか。

毎日毎日、今を楽しむということでしょうか。

どうせ死ぬんだから。

そして、死んでもいいんだから（笑）。

精霊からのメッセージ

ワンネスについて

多くの人が「ワンネス」という言葉を知っています。
でも、たとえ知らなくても、つながっているのです。

みんな、神の一部だから。
みんな、神のエネルギーだから。
魂のエネルギーは
最高の神のエネルギーなのです。

問題は、その神のエネルギーを隠している人、忘れている人、
真っ黒に塗りたくっている人がいるというだけ。
透明になった人と真っ黒い人が出会うことはありません。
違う波動の世界に住んでいるからです。

波動の世界はとても細かく分かれていて、
多少の振れ幅はありますが、
基本的に同じところにいる人としか出会わないようになっています。
それは、あなた方も自分の体験を振り返れば、わかるはずです。

ワンネスも深く深く、
一人ひとりのわかり方は違います。
どれがいいということはありません。違いがあるだけです。
基本的にはみんな、ワンネスをどこかで知っています。

そして、透明な人が増えていく中で、
黒かった人も自分の中のくもり、
黒さが消えていきつつあるのが今の時代です。
政治家を見ても、
そのプロセスには混乱をともなうことがよくわかりますが、
応援してあげればよいのです。

みんな、ワンネスに向かっています。
ワンネスがいつ実現するかはどうでもよいことです。
あなた方一人ひとりがワンネスを深めて、大きな魂になっていき、
お互いのつながりを実感していけばいい。

その実感とは、縁がある人を「縁がある人」と感じ始めること、
素晴らしい人にどんどん会い始めるということ。
それを感じているだけで、
あなた方のワンネスはどんどん深まっていき、
それが地球をひとつの大きな愛の塊へと変えていくでしょう。

メッセージを受け取って

紘矢　みんな仲間、敵なんかいないということですね。
それぞれがいろいろお芝居し、事件を起こしながら、「あいつが悪い」「こいつが悪

い」「スクープしたー」って楽しんでいるんだな（笑）。「汝の敵を愛せ」ということはないんだな。敵はいないんだから。
　本当に感謝あるのみ、ですよね。

磯崎　いろいろなスピリチュアルがあるけれど、つくづく思うのは、目の前に倒れている人がいたら、パッと手伝ってあげる人が本物だな、いいなと思います。いくらいいことを言っていても、いざとなると手を出さないという人は……。

亜希子　スピリチュアルなんて何も知らなくても、ハートが温かい人のほうがよほどスピリチュアルってことですよね。

磯崎　はい。

紘矢　それから、うそをつかない。

亜希子　authentic、本物とか真実、正直、誠実さということが大切ですよね。**いちばん大事なのは、自分の気持ちに正直になること。**いやなのに、「いいですよ」って言ってしまったりしない。

紘矢　やりたくないのに、「やらなくちゃいけない」と思い込んでいるんだよね。

亜希子　でも、私もこのあいだ、自分で気づかないうちに、「この人はこうしてほしいんだろうな」って気をまわして、そう行動しようとしていたことがあったの。

でも、ある時点でハッと、「私は私のやりたいようにやればいいのよね！」って気づいて切り替えたんだけれど。

紘矢　でも、そうすると、日本では「空気が読めない」って言われちゃうのかな？　昔、仕事でゴルフしたとき、調子よくて勝っちゃったんですよ。

磯崎　勝っちゃいけなかったんですか。

紘矢　そうなんですよ(笑)。上司を勝たせるためのゴルフでした。「空気が読めない」って責められたなあ。
でも、そういう世界っていやなんだ。負けてもらうなんて、ぼくもいやだし。

磯崎　本当に。平等に認め合って、純粋に楽しむ世界のほうが、私も好きです。

魂の約束　その3

――親と子

親に差し出してしまった力を取り戻す

亜希子　先ほど、被害者意識の話（118ページ）のときに、サイマーさんのセミナーが参考になるかもしれないと話しました。もう一度言うと、サイマーさんによると、基本的に被害者意識は全部、親子関係でできてくるというの。

むしろ、「すべての人間関係の基本は、親子関係にある」っていったほうがいいかもしれないけれど。

親は親で「こんなにやってあげたのに」という被害者意識を持つこともある一方、子どもは子どもで「こういうことをされた」「こうしてくれなかった」とか、逆に親が一生懸命あれこれしてくれたのに、期待に応えられなかったからといって「自分はダメだ」って自分にレッテルを貼ってしまったりとか。

それでサイマーさんのセミナーでは、「親役」を立てて、親にこれまで言えなかったことを全部、言うんですね。

「あのとき、あんなことを言われたくなかった」とか、「お父さんはぼくに暴力を振るってばかりだった」って。本当にひどい虐待を受けた人もいるから、それこそ怒鳴るように悪口雑言の限りを尽くす人もいるの。

子どもって、親に力を取られていくんです。私もそうで、母にずっと力を取られていました。そのためにいろいろな問題が起きてきて、人生たいへんでした。

そのセミナーでは親に対するネガティブな思いや体験を親役に向かってずっと言っていって、言い尽くしたら、今度は「私はあなたにうらみを返します。それは私のものではないから」とか、「あなたにもらった期待を返します。それは私のものではないから」って、全部、返していくの。

そして、最後に、「生んでくれてありがとう。育ててくれてありがとう。でも、私とあなたは別の人です。私は私の道を行きます。お父さん、お母さんはそれぞれの道を行ってください」と言って、心理的に決別するのです。

こうしたことを自分ひとりでやってみても、被害者意識はかなり薄れますよ。

紘矢　それはうらんでいる場合だよね？　うらんでいなければ、「お父さん、ありがとう。お母さん、ありがとう」。

亜希子　うらんでいない人なんていない。少なくとも、何かしらネガティブな感情は持っているものよ。

紘矢　親に対して？

亜希子　うん。

紘矢　ぼくはうらんでいないと思うけど――？
いろいろなセミナーを受けてきたから、いつのまにか手放しちゃったのかなー？
でも、セミナーとかで、そういうとらわれた感情が出てきた記憶がないんだけれども。
亜希子　だって、感情をなくしていたんだもん。
紘矢　ああ、抑圧して感じないようにしていたからなあ。

何番目に生まれても子どもは傷を抱えるもの

紘矢　ただ、やっぱり親へのうらみはそんなにないと思うよー。
亜希子　ないわけではなかったっていうだけよ。確かに少ないとは思う。
それでも子どもって1番目か2番目か3番目か、6番目か、それぞれでそれぞれに傷を抱えるのよ。
紘矢さんは6番目の子どもなんだけれど、お母さんという方は子どもに対して執着がない人だったの。特に彼に対してはね。
紘矢　愛が薄かった。
磯崎　うーん。6人も子どもがいたら手が回らないというか、たいへんすぎて――。

紘矢　親としては、「いらない」「困った」って思ったと思いますよ。「また妊娠しちゃった」って。バースコントロールということを考えなかったのかな。

亜希子　戦争中で、「産めよ、増やせよ」の時代だったもの。

彼がぜんそくですごく苦しんでいるとき、私はなんかお母さんの愛情を求めて苦しんでいるという気がすごくしたの。

彼自身はそういうのを意識化する人ではないから、わからないんだけど。

紘矢　まあ、客観的に見たら、あんまり母親にケアしてもらっていなかったんです。ただ、うちのように子どもが多いと、親は一人ひとりにそんなべったりしていられないよ。

それに、ケアしてもらったこともあるんだよ。

亜希子　それはもちろんよ！

でも、ポロッポロッと出てくるのよ。「いつも弟がお父さんにかわいがられているのがすごくうらやましかった」とかね。

そういうのって結構、傷になっているものよ、本当はね。

紘矢　場面を覚えているっていうことはあるなー。

亜希子　そういうときって、感情を押し殺しているか、そのときに感じた感情を忘れているかなの。

紘矢　「いいお兄さんでなきゃいけない」と思っていたから。

亜希子　その場面を覚えているっていうことは、傷になっているのよ。泣くと、「泣くな！」って頭を押さえられたとかね。

紘矢　ああ、それは暴力を振るわれたとかはあるよ。でも、うらんではいない。

亜希子　うらんでいるとかじゃなくて、そのときに受けた傷がその後の人生でいろいろなことを生み出してしまうってことだけ。

磯崎　そこが難しいところですよね。

親は親で、本当に一所懸命だった。だけど、子どもは子どもで別途、傷ができちゃいましたってことで。

亜希子　そうなんですよね、親は親で全力を尽くしてきたんだもの。まあ、虐待する親とかは違うけど。

磯崎　私なんか、子どもに謝る準備しかしていません（笑）——全力でやってきたけど、結果、何を言われてもしかたないなあって……。ごめんね、本当にありがとうって、それだけ。

亜希子　それはもう、さっきの私の、「一年、お世話したのに、最後はうらまれてしまった」っていうのと同じで、相手がどう受け取るかは相手の勝手ですものね。

磯崎　はい。

亜希子　親は本当に子どものことだけを考えて精一杯やっているのですものね。

磯崎　はい、未熟ですけど、それだけは言えますし、よくわかってゆるしてくれていてありがたいなあって思っています。

子どもも自分の運命を決めてきている

磯崎　私、前にもちょっと言いましたけど、子どもたち3人見てきて、それぞれ「生まれてき方」も決めてきていたし、それがそれぞれの子の個性とリンクしているなって思うんです。

せっかちさんはやっぱりささっと生まれてきたし、のんびりさんはのんびりと。

一番下は今14歳なんですけど、生まれてきたとき、助産院でバッハの無伴奏を聴きながらバランスボールで遊んでいたら、不意に体の中から「ゴキッ！」という、聞いたことがない音がしたんです。すごく大きな音だったので、みんなに「聞こえた？」って聞いたら、「何も」って。

でも、「これって、赤ちゃんが始めるよーっていう合図だと思う」って言ったら、すんなり信じてくれて、すぐに準備を始めてくれたんです。

そのままスーッと生まれてきて、助産師さんに「こんな静かな妊婦さんは見たことがない」って言われたくらいでした。

その子は今もとても直感的で、決めたらすごく早い。でも、その直前まで、のんびりマイペースさん。音楽が好きで、バランスボールも大好き（笑）。

まあ、そのへんは関係ないにしても、ほかの子たちも、赤ちゃんのときと根本的にそのままつながっていて、「ああ、この子はこうよね」って思えるんです。

みんな、育つように育っていく。本当に、その子の魂が決めてきたんだなって。

誰でも子育てしていると、いっぱい悩んだり、時に親子で傷つけ合ってしまったり、いろいろあると思うんです。

でも、まあ、最終的にそれぞれどう育とうと、「私のせいではないな」と。私の影響力より、その子の魂の力、魂の青写真のパワーのほうが強い。というか、影響力さえ織り込み済みの青写真を持ってきているんだと感じます。

紘矢　そうそう、親のせいということはないよ。その子自身が体験することを決めてきているからね。

亜希子　そう言えば、「エモーション・コード」の本にもおもしろい話があったわ。なかなか話し出さない子がいてね、調べたら、実は生まれてくるときに経験した感情が「とらわれた（トラップ）感情」になっていたことがわかって、その感情をヒーリングで取ってあげたら、とたんにおしゃべりを始めたというの。

磯崎　へえ。バーストラウマ※が取れたんですね。

亜希子　バーストラウマがなければ、おなかの中にいるときそのままの直観が残るわけでしょう。閉じないから、天国とのつながりがそのまま残るんじゃないかな。だから、水中出産で生まれてきたお子さんはとても素直だっていいますよね。

磯崎　わかる気がします。バーストラウマを考えても、出産後もできるだけ自然な状態、母子同室がいいのかなあと思いますね。

病院で新生児室に行くと、赤ちゃんがよく泣いていますよね。私、出産を経験するまではその光景を見ても「赤ちゃんはよく泣くな。小さくてかわいいな」くらいしか思わなかったのですが、長女が生まれたら、窓越しに泣いているのが見ていられなくて、授乳時間外でも無理を言って内緒で抱かせてもらいに行っていたんです。

でも、助産院では出産した場所にそのままお布団をしいて、赤ちゃんとずっと一緒なんですね。だから、赤ちゃんが泣いたら、すぐお世話してあげられる。赤ちゃんも

※バーストラウマ
胎児のときや出生前後の体験で負ったトラウマ（心的外傷）。

お母さんもゆったり安心していられる。だから、うちの子もたいして泣かなかったんです。平和にふたりで毎日寝ていた感じ。幸せな時間でした。

赤ちゃんもお母さんも、出産前後は心がとてもデリケートになっているでしょう？できるだけ母子同室で自然な、安心していられる環境が人生のスタートにふさわしいんじゃないかなと私は思います。

きょうだいとの関係

磯崎　でも、子どもが7人もいるのに、静岡から東京の大学に行かせてあげるなんて、すごいご両親ですね。
紘矢　ぼくが生まれたころは極貧だったけど、高校を出るころには少し余裕ができてきたって感じかな。
亜希子　上のほうの子たちはもう働いているし、お父さんは地位が上がって校長先生になっていたものね。あと、そのころの東大ってね、授業料がすごく安かったの。年9000円とかだったのよ。
紘矢　弟も東大だから、やっぱりそんなにお金がかからなかった。彼は音楽もできるし、麻雀も強いし。

亜希子　器用な人よね。

磯崎　紘矢さんだってCDも出して、今や「言霊シンガー」ではないですか！

紘矢　あはははー。歌はぼくのほうがうまいかな（笑）。

磯崎　どういう感じのごきょうだいなんですか。

亜希子　あっさりした関係という感じ。

紘矢　そうだね。みんな、元気で。80歳を過ぎた姉も今もテニスしているし、ヨガの先生をしている姉もいるし。2人ともすごくスピリチュアルですよ。

磯崎　健康長寿の家系なんですねー。

亜希子　お母さんも100歳まで生きたしね。

磯崎　家族間の確執というのは何かありましたか。遺産をめぐって、とか（笑）？

紘矢　遺産ないからー（笑）。

亜希子　確執はなかった。彼のお母さんという方は子どもに対して淡泊で。だから、嫁姑の確執というのは何ひとつなかったんですよ。文句も全然言われなかったわ。

紘矢　そうだね、お嫁さんの悪口はひとつも言ったことがなかった。どのお嫁さんのこともほめる。ぼくの母は賢い人だったのかな。

一緒に暮らしていた一番上の姉は苦労したと思うけれど。

亜希子　まあ、それは実の娘だから。

磯崎　つい、わがままも言ってしまいますよね。

紘矢　ふたりは魂をみがき合っていたんだと思うな。

亜希子　孫、ひ孫まで四世代で住んでいて、面倒もよく見てあげていたから、100歳で亡くなったときにはみんな、おいおい泣いていたわね。

紘矢　幸せな人生でしたよ。

親から受けた傷を抱えていた自分に気づく

磯崎　そうすると、亜希子さんがお母さまとの関係で葛藤したようなことは、紘矢さんの場合は――。

紘矢　ぜーんぜん、なかった。

亜希子　「もうちょっとお母さんの愛情がほしかったんじゃないかな」って、それくらい。

紘矢　ぼくはそんなに感じていなかったけど。

亜希子　だって私、お義母さんから「この子はいらない子ですから」って言われたのよ。
紘矢　それは謙遜だよ。うちはそういう家だから。
磯崎　でも、やっぱり言われたくはなかったと思います。
紘矢　まあ、それはね。でもあんまり気にしていない。
だけど小さいときから、「この子は橋の下から拾ってきた」とか言われてたなー。
福元　昔、よく言っていましたよね。
紘矢　うん、言っていたよね。で、「えーっ、どこの橋～?」って思ったりして。
亜希子　橋と言えば、アーティストの横尾忠則さんは養子で、「自分はあの橋に捨てられていた」って直感した話がありますよね。
ひとりっ子として、養い親にとても大事にしてもらっていたんだけれど、それでもやはり自己肯定感が育っていなくて、大きくなっても「自分はこうしたい」というのが言えなかったって。
紘矢　NHKで放映していた番組だったね。あれはおもしろかった。
磯崎　紘矢さんも共感しました?
亜希子　共感したのは私。紘矢さんはもともと自己肯定感が強いもの。
紘矢　だって、成績がいいから、ちやほやされてきたもの(笑)。生徒会長はするし、田舎から東大に出て行っているし。

亜希子　そういう意味では、運のいい人生を選んできたのね。

紘矢　ぼくらは対称的で、だから組み合わせがよかったのかもしれないね。

亜希子　そうね。彼は外側に向かう人で、私は内側に向かう人。彼は全然信心深くなかったのが今やっと――。

紘矢　信心深くなった。前はそういう世界はないと思っていたからね。

磯崎　それは、亜希子さんがチャネリングを始めたのも大きかったのでしょうか。

紘矢　そうだね。ぼく自分自身も神さまと交信してきたし。

亜希子　本当のこと言って、チャネリングができることは、私にとって大きなことではないんです。自然なこと、あたりまえのことというか。

だから、「みんな、できるんですよ」って言うでしょ。「そのとき」が来れば、誰でもできるようになる。

紘矢　でも今でもよく交信するんだけれど、すごく楽しいし、恵まれているな、ありがたいなって思う。

磯崎　どんなことを話すんですか。

紘矢　たとえば、今日も通りがかった洋服屋さんで「この服、買おうかな、どうしようかな」って。
そうすると、「買え、買え。いいよ、格好いいよ」なんて言ってくれるんですよ。

紘矢　格好いいって言うなんて、神さまっておかしいなーって。

一同　爆笑

紘矢　神さまがついていると、本当、いいですよ。「何でも聞いて」って言ってくれるし。いつも感謝の気持ちでいっぱい。だから、ぼくの口癖は「神さま、本当にありがとう」。だから、ぼくはやっぱり今、宇宙一、幸せ。奥さんは宇宙で一番いい奥さん！

人が集まるところ、必ずヒエラルキーが生まれる!!

紘矢　ぼくはもともと宇宙や神さまのことなんてわからなくて、学校なら東大、東大なら法学部、試験は司法試験、就職なら大蔵省が一番って、世間の価値観をそのまま受け入れてやってきていたから。社会的な評価のことがいつも頭にあって。
だから心の優しさとかがよくわからなかったんだなー。
でも！　ぼくは生まれつき正直な人だと思う。だよね？

亜希子　うそは言わないわね。

紘矢　でも、亜希子と結婚できたのも、「東大出の公務員だから」ってことで親が認めてくれたわけだから。

亜希子　おかげさまで（笑）、特に父はえらく喜んでいました。

磯崎　紘矢さんは「ぼくではなく、東大や公務員という肩書きを好きなんだ」って思って、いやだったりはしなかったんですか。

紘矢　そんなふうには思わないよ～！　単純ですから。

紘矢　でも、家と家との葛藤はすごくあったんですよ。

こちらのご両親は自分たちはお金持ちでえらいって思っていて、うちみたいな赤貧とは――。

亜希子　そんなことないって。

紘矢　だから、この人が心の調子をくずすと、「だんなが悪いからだ」って。

亜希子　そーんなことないってー！

紘矢　そう？

亜希子　1回くらいはあったかな（笑）。

紘矢　ぼくは彼女が大学院時代、うつ病だったことも知らなかったし。

磯崎　でも、亜希子さんは紘矢さんにそう言ったそうですよ。

亜希子　うつ病だったときに知り合って、それで結婚しているわけだしね。
紘矢　そうかー。ぼくはそのあたり、すっ飛んでいたな。
亜希子　だから、それは、人の話を聞かないから。
紘矢　あははは一。
亜希子　今でもそうでしょ。講演会で何か質問されたときも、誰かが「私はこうでー一」って話し始めたとたんに、紘矢さんが「それはね」ってたたみかけちゃう。それで私が「ちょっと待って、彼女の話を最後まで聞かせて」って。
紘矢　今は、ずいぶん聞けるようになったんですけどね、今でもときどきあるんです。
亜希子　う一ん、それはしょうがないですね、すべてはプログラムどおりですから。
磯崎　そういう紘矢さんだから、おもしろいんだけれどね。
亜希子　うふふ。

差別社会を経験して

磯崎　紘矢さんが傲慢な時代（笑）は、何年くらいあったんですか。
亜希子　22年。

磯崎　つまり、公務員時代はずっとだったんですね。

紘矢　まあ、人間的にゼロだったって言われるのもしょうがないなあ。だって、公務員だから（笑）。

亜希子　昔の大蔵省って、また違っていたのよ。

磯崎　圧倒的な地位の高さでしたね。

亜希子　しかも、キャリアとノンキャリという違いがあって。

紘矢　入省したときにはそんなこと知らなかったけれど、すごい差別社会。それがあたりまえの常識だった。

今もそういうのが生きていると思いますよ。

亜希子　でも私も彼も、大蔵省の中にいても、そういうヒエラルキーにはうとかったんですよ。

彼の仕事でワシントンD.C.で暮らしていたときにね、国連のキャリアの友人を家によぶときに、「彼女も、アメリカ生活が長い日本人の女性がいたら楽しいだろうな」って思って、アメリカ大使館で秘書をしていた方もご招待したのね。

そうしたら、国連の友人がすごく怒ってしまった。直接は何も言わないけれど、うちにいる間、ものすごく不機嫌で。

つまり、「キャリアは、キャリアとしかつき合わない」って、そういう世界なの。だって、個人的なおつき合いなのよ。同じお友だちだからと思って、家によんだのよね。びっくりしてしまいました。

紘矢　ぼくはマレーシアで大使館に勤めていたころ、アメリカ大使館の通信官とも仲よくしていたけど、それは異質なことだったから、いろいろ言う人もいたよ。やっぱり書記官は書記官と、大使クラスは大使クラスとつき合う世界だったから。

どこにでもあるんだよ、そういう階級制みたいなものは。

磯崎　人間社会があるところ、階級や差別が生み出される？

亜希子　そう、国連でさえもあったということなの。私にそういう常識がなかったのね。

紘矢　外務省のプロトコルには席次も全部あって、誰がどこに座る、どこに座っちゃいけないって。主賓は誰とか、もうたいへんな階級社会。

偏見がある。

まあ、だから、いいんですよ。おもしろい。

亜希子　年次が１年違っても、先輩、後輩で全然違うのよね。

奥さんって年齢、ばらばらじゃない？　で、私は夫と１歳しか違わないから、年次が上の人の奥さんのほうが若いことが多いのね。

でも下は絶対に下で、何か言われたら「はい、はい」ってやっているの。私はそういうの、苦にならないからよかったんだけど。

紘矢　辞めてからもヒエラルキーがあってね。次官まで行った人、局長まで行った人でも違うし、キャリアだけが集まっている会もある。

ぼくはそういうのには入らないから、そうすると、「落っこちた人」ってなる。

磯崎　落伍者のような？

紘矢　そうそう。

磯崎　いつまで差別し続けるつもりなんでしょうね。死ぬまでやっているつもりかな。

紘矢　公務員って、上の人の言うことを聞かないと烙印《らくいん》を押されて、落伍者になっちゃう。だから、官僚は時に犯罪まで起こして、国会で虚偽証言までして、上をかばおうとする。

人事も全部、上が握っているからね。どの地位まで上がるかしか考えていない人は多いしね。

磯崎　社会的な生殺与奪権を握られている感じでしょうか。いくら社会的地位があっても、それではやっぱり不自由ですね。

母親に対する「尊重」と「我慢」のはざまで

磯崎　亜希子さんは２０１７年、お母さんを亡くされましたが、お母さんとの間での課題はクリアして完了されたと思うんですが、どうでしょうか。

亜希子　振り返ると、私はずっと自分は母と仲がいいと思っていて、まわりにも「１回もけんかしたことないよ」って言っていたんですよね。

だけど、うちの主人から見ると、「おかしい」って言われていたの。

紘矢　お母さんは支配欲があって、この人を完全に支配していたから。

たとえば、結婚したあとで、ぼくが「こっちへ行こう」と言って、お母さんが「いいえ、あっちです」って、道路の真ん中で彼女の手を取って引っ張りっこしたことがあったんですよ。すごく象徴的ではないですか。

彼女としたら「お母さんを立てないといけない」、でも、「主人の言うことも聞かなきゃいけない」。たいへんだったと思いますよ。

それでお母さんを怒らせるのをすごく怖がっていた。

自分たちの家を人に貸すというのも、母親が反対するからいやだって。

亜希子　母からいやみや文句を言われることを思っただけで、何もできなくなっちゃうっていう感じだったの。でも、自分ではそのことになかなか気づかずに、ずっと母の思惑を気にしていた。

それがわかってきたのは、「私の守護霊は誰ですか」って精霊に聞いたときかな。「お母さんのお母さん、つまりお祖母さんですよ。だからお礼をしなさい。お礼の仕方は、お母さんを大切にすればいいのです」と言われたの。考えてみたら、母が緊急事態になったとき、いつも私がそばにいたなって……。それは、祖母の差し金だったのね。

そのあたりから、母との関係を意識し始めたんだけれど。

紘矢　結婚したあと、ぼくに「娘を取った。憎らしい」って言っていたよ。正直な人だよね。

亜希子　そんなことなかったと思う。母は長女が一番大事。下に弟もいるし。

その間の私なんて、どうでもいい存在だったのよ。

紘矢　本当に我々、どうでもいい存在（笑）。

だから、親から自由ですね。

亜希子　だから、私にそんなに執着したはずがないの。

それに、本当のことといって、彼女はごくふつうの母親だった。

福元　お母さんの意志を、自分から慮っていたわけですね。

亜希子　私にとっては、それはあとで気がつくんだけれど、実は生きるか死ぬかの問題だった。だけど、子ども時代からずっとそうだから、気づかなかったのね。

ただ、母とはけんかしたことないし、ずっと仲よしだと思い込んでいたの。

母が反対しそうなことはできないし、いらない服をくれても、絶対ほしくないのに「いや」って言えなかったし。

磯崎　私はそういうとき、「いや」とも思わなかったです。

母から「いらない？」って聞かれたら、「いや」も何も、「もらうものなんだ」って受け取っていました。

紘矢　うれしい？

磯崎　うれしくはないですよ～！　それはもちろん、困ります。

でも、「いや」っていう感情も起きなかったんです。

紘矢　洗脳されていたんだ。

磯崎　そうですねえ。もう昔のことですけれど。

亜希子　私も「困る」だったけど、「いや」も入っている。

でも、もらわざるを得ない。

磯崎　そう、選択の余地はないんですよね。
福元　我慢しちゃうということですか。
亜希子　まあ、そうね。「いやだなあ」って思いながら、持って帰ってくるんだから。
磯崎　私は我慢している自覚もなかったですね。

胸は重くなっていたから、自分の感情を見てあげていなかっただけですね。本当に、自分に気づいていなかったし、尊重もしていなかった。

紘矢　でも、親から「あげる」なんて言われたことがない人からしたら、「いいじゃない」って思うけど～。
一同　笑
磯崎　実は今日着ている服も、バッグも靴も全部、自分で選んだ好きなものなのですが、全部、両親からのプレゼントです。甘やかしてもらっていますね。ありがたいことです。

心の奥深くに眠っていた母のひと言

亜希子　それから、私のほうはその後、気づきのセミナーに参加して「自分は生きていてはいけない」って思っていたことに気づいたのね。

2、3歳のころから、母に「あなたが生まれたとき、みんながこの子はいらないって言った」って言われていて、それで、「ああ、自分は生まれてきてはいけなかったのに、生きている」って、思い込んでしまっていたんです。

磯崎　お母さんも、まわりからのプレッシャーもあってつらかったんだと思います。

亜希子　お姑さんから「また女?」って責められて、「次は男の子」って必死で思っていたのにかなわなかったのですものね。

母は自分が一番つらい。その思いを誰に言えるかって言ったら、何も言わないで聞いてくれる私だったのよね。母をうらんでいるわけでも何でもないのよ。

それに、両親からも祖父母からも愛情いっぱいで育ててもらったと思う。

ただ、母の言葉から自分で「ああ、私は生きていてはいけないんだ」って思い込んでしまっていたから、ずっといろいろおかしくなってきたのよね。

でも、セミナーでそのことに気づいて泣いて泣いて、「自分をこれから好きになるのだ」って決めて、そこから新しい人生が始まったのね。

紘矢　ふたりともすごく遅いよね。自分に気づき始めたのが、40歳からだもの（笑）。

亜希子　〝第一次・覚醒を始めた人たち〟だったんだから、早かったのよ。たまたまそれが40歳だっただけ。

それから10年くらいたって、今度はアメリカでシャーマンのロナミのところに行って、母のことを調べたときに、ハッと思い出したのは、母が「みんながいらないって言っていた」という言葉のあとに、「でも、私だけはあなたを愛しているからね」って言っていたことなの。

それで、幼い私は「この人が唯一、私を愛してくれる人だ」って思い込んでしまったのね。そう思ったら、それは相手にしがみつきますよね。

そして逆に、「彼女の愛を失ったら、私は生きていけない」って思うから、必死でサービスするわけですよ、どんなに幼くても。

だから私、とてもいい子だった。

紘矢　親孝行。

亜希子　絶対、騒がない。逆らわない。
お昼寝のときも、眠くなるとひとりで寝に行って、目が覚めても、母が呼びに来るまで、お布団の中でひとりでじっとしていた。だから、「手のかからない子だったのよ」って。

紘矢　ほんと、かわいそうだよね。

自分は１００パーセント母に支配されていた……

磯崎　ロナミのところでは、どういうワークをしたんですか。

亜希子　私は彼女のところに3回行ったのですが、そのつど、やることが違っていました。「今日は○○へ行こう」「何しよう」って、そのときによって違うの。

母のことを発見したときは、父について、上司について、それぞれ不平不満とか、とにかく思いつくことをずっと書いていくように言われたの。

紘矢　ロナミはその人を見て必要なことをやらせるんだよね。マスター、シャーマンだから、わかる。

亜希子　そして最終日に、「誰をやりたい？」って聞かれたのね。そのとき、私54歳だったの。私が結婚したとき、母が54歳で、それ以降の母についてあまりわからないから、「54歳からあとの母を見ます」って言って、母について書いていきました。

それで気がついたのは、自分が母に１００パーセント支配されていたっていうことだった。

磯崎　その時点でもなお？

亜希子　そう。それまでの人生ずっと。

あまりにも身についちゃっているから、気がつかなかった。

紘矢　でも、今でも気がつかないままやっている、支配されている人が多いと思うよ。アメリカにいたとき、母と娘の葛藤について研究した本も結構出ていたけど、日本はあまりないのかな？

磯崎　今はそうしたテーマの本やマンガ、ドラマもありますね。

亜希子　そのときにやっと私は気がついて、母の支配から自由になったの。それからは、母から「これ、持っていかない？」と服を渡されても、「これ、かわいいから、まだ着たら？」って（笑）。

福元・磯崎　上手！

亜希子　それからは、引っ越すときも、家を建て直すときも、全然、母に相談しないし、何か言われても平気。

というか、言われなくなったのよ。

紘矢　自分の問題だったから。

亜希子　そう、私が引き寄せていただけ。**私の問題だった**のね。

たとえば、「親が反対するから結婚できない、○○できない」みたいに言う人がいるでしょう？　それって、本当に結婚したいわけじゃないのよ。１００パーセント決めていたら、誰がなんと言おうと実行すると思うの。

そしたら、もう誰も何も言わなくなるものよ。

磯崎　確かに。言わせる隙があるというか、言わせるのをゆるしているうちは腹が決まっていない。

亜希子　「言われたい」わけよ。

福元　引き寄せの法則ですね。

亜希子　そう、私も自分で引き寄せていただけで、母は別に「支配したい」とも思っていなかったかもしれない。

それから母が言い出したのは、娘が３人いるけれど、「あなたがいちばん優しい」って。

紘矢　あははは。

亜希子　だって、私、月に一回くらいしか会いに行っていなかったもの、優しくできてあたりまえよね。

福元　お母さんに対して反抗期もなかったわけですよね。

亜希子　全然なかったです。

福元　支配されているってわかってから、お母さんにきつく何か言ったりしたことはないのですか？

亜希子　全然、ありません。だって、その必要がないんだもの。私は私の道を行く、母は母の道を行く。お互いを認め合うから、何も起こらない。結局、一生、1回もけんかしたことがないの。

磯崎　姉妹の間では葛藤はなかったんですか。ライバル心とか。

亜希子　ないない。私はずっと自分が一番だめだと思っていたから。彼と結婚してから、初めてライバル心や嫉妬心がどんどん出てきたの。だから、生まれてくる前に、彼に**「魂が成長するために、私を突っついてね」ってて約束してきていた**のね。

紘矢　お母さんたちからは、ぼくと結婚したから、そんなに感情を爆発させたり、おかしくなったって言われたことがあったよ。

でも、結婚前もうつ病になったりしていたのに。

亜希子　うつと感情を爆発させるのは違うでしょう？　感情を抑圧していたから、うつになったのかも。

紘矢　ああ、そうか。結婚前は、爆発させたことがなかったんだ。

磯崎　内側に閉じ込めて抑圧する一方だったんですね。

亜希子　過去世のこともあるけど、やっぱり約束だったと思うのよ。「私の爆発ボタンをいっぱい押してね」って。

ジャーニー

亜希子　10年前、ひどいめまいから始まって、心身ともに病んでしまったときがあって、そのとき、「この病気が自分を浄化してくれる」と少しうれしかったの。でも、実は自分の心の問題から病気になったと、どこかで知っていたのね。

そんなとき、穴口恵子さんから「ジャーニー」というワークショップを紹介されて、「これは私が受けるものだ！」って直感して行ってみたの。

これは「たった1回の出来事がどれくらい、人に影響を与えるか」ということがよくわかるひとつの例なんだけれど。そのジャーニーのとても単純なワークをしたときに、ひとつの大きな気づきがありました。

昔、突然、母に、教育大付属の小学校の入学試験を受けに連れていかれたことがあったんです。「行ってみる？」とか「行きなさい」とか何も言われず、たぶん私は何をしに行くかもわかっていなかった。

そしたら、その入学試験に落ちちゃったのね。

その知らせを見た母は、病気だった父の枕もとに私を呼びつけて、私の感覚だと30分くらい私を怒鳴りつけたのね。私はそのときの情景をよく覚えていたんだけれど、不思議なことに、それが斜め上から俯瞰《ふかん》図のように見えていたの。今思うと、ショックで幽体離脱していたんでしょう。

母が言うのには「せっかく弟を教育大の付属に入れようと思って、それにはお姉さんが入っていると有利だから、あなたを受けさせたのに、落っこちるなんて」って、怒り続けて。

そんな理不尽なことってないじゃない？　でも、そのときはよくわからないから、おとなしく聞いていたんです。

それでね、ジャーニーのワークショップでペアになった相手から「今、感じている一番強い感情は何ですか」って聞かれた瞬間に、ある感情がわーっと出てきたの。でも、その感情が何か、名づけられないのよ。怖いけど、恐怖とも違う。本当に体ががくがく震えて、ただただ恐ろしくて。

だけど、そのとたんに、これはあのときの出来事から来ているってわかったのね。それで、相手は「じゃあ、その感情を味わってください」って言うんだけど、味わうも何も。でも、そのうちにおさまってきて、「その感情の裏に何がありますか」って聞かれました。

そしたら次から次へと感情が出てきて、最後にはとうとう、とても平和な静かな気持ちに包まれたの。

そのプロセスを30分くらいかかって全部終えると、私、人が変わっていた。すごく軽く楽になっていたの。

そして次の日の朝、目覚めたときに「ああ、あれはおびえの感情だ」って、やっとわかったの。

感情の増幅

紘矢　それにしても、何で試験に落ちちゃったんだろうね。賢かっただろうに。
亜希子　それはね、母は92歳で認知症になったのだけれど、それまで折に触れてそのときのことを話していたの。
「案内係の生徒が間違えて、キャラメルの数を数えるテストの部屋に連れていかなかったのよ」って。
私、部屋をひとつ素通りしちゃったらしいの（笑）。

母がそれを92歳まで言い続けていたのが、またおかしくて。

紘矢　よっぽど悔しかったんだな〜。受かると思っていたんだよ。

亜希子　ほとんどの子が受かったんだもの。

紘矢　それも神さまがしてくれたんだね。そういうことを体験するために。

亜希子　母は矛盾することに、私に「あなたはとても頭がよかった。幼稚園のころ、知能テストを受けたらIQが130以上あった」とも言っていたけれど、私、4年生まではクラスでビリみたいな、ずっと劣等生だったのよ。

考えてみたら、あれだけ、「あなたはだめだ」「できない」って罵声を浴び続けたら、それは「私はだめなんだ」って自分で決めてしまうでしょうね。

紘矢　「おまえはすごいんだよ」「おまえは天才だ」って言っておけばよかったんだよね。

亜希子　ヒプノセラピーでインナーチャイルド・ワークをしたときも、さっき話したようにお昼寝の時間になってひとりで薄暗い部屋の隅で寝ていて、目が覚めて心細くて怖いんだけれど、母を呼べなかったときのことが出てきたの。

でも、そのときも、その恐怖を味わっていたら消えて、家に帰ったら背すじがぴーんと伸びていたのよ。

紘矢　すごくドラマチック。やっぱり感情派なんだね。

ぼくはやっぱり頭優先、マインドタイプなのかな。

亜希子　というか、これは私に起きたことだけれど、**個人的なことのようで、全体的なこと**だからよ。

自分だけのことだったら、ここまで感情は増幅しない。お母さんから怒鳴られたことがある人はたくさんいるし、そんなに大きなことではないでしょ？　けれども、集合意識としての恐怖やおびえが共鳴して流れ込んでくるから、増幅して劇的にわかるのよね。

そして、こんなふうに強烈に経験して、**誰かひとりが大きく気づけば、それが影響して、全体が大きく変わる**んです。

そして、先に変わった人のところに、同じようなエネルギーの人たちが来て、その人たちの意識が変わっていくお手伝いもできるでしょう？

紘矢　代表としてやっているんだな。

亜希子　こういうことは私だけでなく、スピリチュアルな仕事をしている人には特に多いんじゃないかな。

磯崎　同時に、集合意識の浄化もしているんでしょうね。恐怖やおびえのような低い波動のものを吸収して、クリアにして、全体を上げていっている。

よく考えると、私たちも、ふだんの個人的な行動もみんな、集合意識の波動の変化に影響を与えているんですよね。

奇跡は愛が呼ぶ

亜希子　親子関係について、磯崎さんは何かある？

磯崎　私も「どうでもいい次女」だったかも（笑）。母と仲がよくて優しくて、性格も頭も運動神経もいい姉がいて、下に跡取りの弟たちがいて。

だから、自由だったでしょうし、本当に愛情もかけてもらってきましたが、やっぱり親子の葛藤はあったと思います。

ただ、それは特別なことじゃなくて、普遍的なものだと思うんです。親に何の屈託もない人はいないと。

だから、もう今を生きる私たちは、そういう経験やそこから学んだ知恵をむしろオープンに、罪悪感なしにただシェアして、助け合えばいい時代なんじゃないかなって。家族や夫婦間に葛藤があるのは、あたりまえのこと。恥ずかしいことでも、何か劣っているということでもない。ただ学びの経験があったというだけだから。

親子の問題といって思いつくのは、19歳になってすぐ、父が交通事故に巻き込まれてからのことでしょうか。九死に一生を得たんですけど、そのまま一切反応がない、身じろぎもしない植物状態になってしまったんです。

でも、「耳は最後まで聞こえる」って聞いたことがあったので、毎日、母が病院に、私もできるだけ通っていたのですが、ふつうに「朝だよー。カーテン、開けるね」「今日は外は暑いんだよー」と話しかけたり、さすったりし続けたりしていたら、数か月後に奇跡的に意識が戻り、退院できたんですよね。

ふつう、そんなに長く意識がなかったら、話したり食べたり、歩いたりするところまで戻れないですよね。認知症と半身不随は残って一級障がい者にはなりましたが。

お医者さんたちもみんな、びっくりしていました。それはもう母の昼夜を問わない献身的な介護のたまものだと思います。当時の母はまだ40代半ばでしたけど、体力的にも本当にたいへんでしたよね。４人の子どもたちの教育費やお金のこともあるし。

亜希子　そうですよね。

磯崎　ちょうど亜希子さんが紘矢さんの看病を始めたのと同じ年齢だったと思います。

そこから31年、労災だったので、最初の20年は公的な介護サービスは一切受けられず、完全に家族だけ、特に最初の数年は母と私メインで介護してきました。

介護は24時間365日、休みはありませんが、市や都、厚労省に問い合わせても、デイサービスはもちろん、ヘルパーさんをお願いするのさえダメだと言われました。「100パーセント、自己負担しますから」と言っても、「法律で決まっているから」って。こういうのは、制度の落とし穴だと思いますね。

もちろん母がいちばんたいへんで、「本当に愛の人だなあ」って、足もとにもおよばないのですが、私は私でやっぱり子どもでしたし、3年くらいしたらうつや摂食障害が始まってしまって。なんとかふつうに生活してみせてはいたけれど、病院にかからずにいたこともあってか、回復には時間がかかりました。

でも、**すべては約束してきたこと**だとどこかでわかっていたんです。いろいろ不思議なことや奇跡的なめぐり合わせもありましたし。

自分の人生や命の一部をあげたかもしれないけれど、それがすることだったし、お互いさまでもあったし。

決して家庭的な父ではなかったんですけど（笑）。

不思議なのは、紘矢さんがぜんそくが悪化して大蔵省を辞めたのが1987年7月でしょう？　出勤しようとしたら地下鉄の階段で息が上がってしまって、そのときに、なぜか涙が流れてきて「ああ、もう辞めていいんだ」って直感したって。

ちょうどその年、その月に父が事故にあったんです。

よくわからないけど、ご縁なのかなあって思います。

それからも父は何度も危篤状態になりながら、奇跡、奇跡で乗り越えてきたんですね。

亜希子さんの話とシンクロするのは、私もあるとき母から、「お父さんが危篤になるたび、最後までそこにいるのがいつもあなただったね」って言われたことです。

少なくとももうこの11年は、介護保険サービスの対象にもなり、私は何もしていないんですけどね。

先日、76歳で小腸の摘出手術をしてから長期療養型病院に入り、現状ではあと2年くらいではないかというんです。

それで、あと何ができるだろう？　やり残したことはあるだろうかって考えるようになりました。

何を手伝うとか物理的なことというよりも、魂として。

母は元気ですけれど、母に対してもあるかしらって。

エモーション・コードで感情を手放す

亜希子　そういうときには、「エモーション・コード」をするといいと思うの。

親は一生懸命愛してくれたけれど、それはそれで、子どもの側には悲しみやうらみ、ショックなどが残っているかもしれないですよね。

エモーション・コードでは「潜在意識はすべて知っている」という前提で、○《オー》リングやキネシオロジーを使って「イエス・ノー」で質問に答えていって、トラップ感情やその原因となった経験を特定するの。で、あとは手放す。

それもたまった感情はエネルギーだから、磁石や指先でサーッて、なでるようにするだけではずれてしまうという方法なんです。

心理カウンセリングでもほかのヒーリングでも、その感情を味わって手放すというのがやり方なんだけれど、それを味わうのってたいへんですよね。

でも、エモーション・コードでは、ただ特定して手放すだけだから。

そして、もし、それがきれいになってしまうと、ものの見方や態度が変わってしまうの。

それが起こるかどうかわからないけど、おもしろいから、今度みんなでやってみましょうよ。
「私、うらみなんかないわ」って思っても、「あ、そういえば――」って、出てきたりするものだから。

紘矢　精霊は磯崎さんに何て言うかな？

亜希子　聞いてみましょうか。

――ひとみさんも、もうお母さまのことを卒業しています。
まだ、ほんの少し引っかかっているだけです。
ひとみさんは、負い目を感じているところがあるのかもしれませんね。
その負い目はまったく必要ありません。
お母さんはお母さんで彼女の人生をまっとうしています。
とても幸せな人です。
「お母さん、幸せ？」と、次に会ったときに聞いてみてください。
どんな答えが返ってきても、びっくりしないでください。
そして、ひとみさんがひとつだけ知らなくてはならないことは、お母さんはとても
あなたに感謝しているということです。
あなたから多くの幸せをもらっていること、すごく助けられたこと、それに対して

とても感謝しています。

申し訳ないなどと思う必要はまったくありません。

何をしてあげようと思うこともありません。

ただ一緒にいてあげればよい、「大好き」「愛しているよ」と言ってあげればよいのです。

それが、あなた方が幸せに生きていく一番簡単な道かもしれません。

そして、エモーション・コードもやってみてください。

うまくいったなら「よかった」と思えばいいし、働かなかったなら「なーんだ」と思っていればよいのですが、1か月ではその成果はわかりません。

1年ほどたって考えてみると、「すごく背中が軽くなった」「羽が生えてきたみたい」といったことが起きるかもしれませんよ。

精霊からのメッセージ

家族について

人の一生の長さはいろいろですが、今、平均すれば80年ほどでしょうか。
この世的に見れば、かなり長くなりました。
その間に、親子、夫婦、友だち、上司と部下、
いろいろな関係をつくっていく中でさまざまな葛藤を経験します。

特に親子の関係というのは
生まれ落ちた瞬間から、ずっと続きます。
中には、「親子、きょうだいの縁は死ぬまで切れない」
と言う人もありますが、そうではありません。
親子の関係もきちんと見直していけば、
縁を切るというのではなく、とてもいい関係になっていきます。
それを証明している人たちも出てきています。
そして、それはこれからいろいろな人の間で起こってくることです。

かつては親孝行といって、社会的なしがらみ、いわば押しつけがありました。
今はそれがはずれています、

これはゆえのあることで、
そうしたものがはずれたがためにもっとひどいことになり、
そこからそれぞれが
親と子の関係を見つめざるを得なくなるためでした。

それまで親子というのは強い結びつきがあり、

「親不孝をしてはいけない」「老いては子に従え」

「親が年老いたら、子どもが面倒を見るべき」など、
いろいろな縛りがありました。

それによって、うまく収まっていたわけです。

それがこのところおかしくなり、みんな、悩んでいましたが、
「親と子の関係とは、本当は何なんだろうか。
本当は魂と魂の関係なんじゃないか。
実は親も子もなく、ただそういう関係となって、
魂をみがき合っていたのではないか」

と気がつき始めたというのが今でしょう。
これから、違う世界が広がっていくと思っていてください。

忠孝を重んじる教育勅語をよしとする人びともいますが、
それは古い日本に戻そうとする抵抗勢力というだけです。
本当はもっと混乱していいのです。
そこから、人はもっと「親子とはどういうことなのか」を見直し、
深く学び始めるからです。

結局、いろいろな葛藤を通して、
「私は私、親は親。
私は私の道を行き、親は親の道を行ってください」
というのが正解です。
一人ひとりが独立して、自分自身の魂に戻る。
そのために、いろいろなことが起きていると思ってください。

霊的に目覚めれば、スピリチュアルになってくれれば、
自ずと親から独立していきます。
そして、真に子も親も独立したときには、
お互いの愛が確実になり、お互いに何をし合えばいいかもわかり、
感謝し合って人生をまっとうできることがわかっていくことでしょう。

夫婦の場合もまったく同じです。
お互いに独立したふたりが寄り添って、
助け合いながら生きていくという形がよいのです。

または、もっと自由に、
夫婦という関係でなくていい、
魂と魂として自由にいろいろな人と結ばれ合っていいというのも、
また真理のひとつなのです。
それが今、端的に現れているのがＬＧＢＴと呼ばれる人たちです。
彼らは、「魂が望むままに生きられる社会」になっていくという

前触れでもあることを知ってください。
自然にお互いを尊重し、
「自分が正しい」などではなく、
自分の思いを大切にしていくようになります。
何よりも自分自身が魂であることに気がつき、
自分は今のままで十分なのだと気づけば、
すべてがうまくいくのです。

親子でも夫婦でも、どちらかが気がつけばよいのです。
子どもが気づけば、自然に親も変わります。
親との関係が変わるからです。
スピリチュアルなことに何も理解のない夫も、
妻が「私はこれでよいのだ」とわかったとたんに、
なぜか優しくなったという例はたくさんあるのです。
夫も変わらなくてよいのです。
彼は彼のままでいい。好きなように生きればいい。

ただ、お互いに楽に生きられるようになったとき、
それは「成功した」ということです。
お互いの道を認め合い、
ゆるし合って生きていけるようになるということです。

今、スピリチュアルに対して
「こういうもの」という思い込みがありますが、
人はみんな、スピリチュアルな存在です。
頭が少しかたかろうと、
目に見えるものしか見えなかろうと、
優しさ、愛、感謝に目覚めれば、それでいいのです。

「天使なんていない」「自分は神さまなんていらない」、
そう語る人のほうが、
天使や神について語る人よりも優しく、
人のために一生懸命働いていることは

世の中にごまんとあります。
「自分はスピリチュアルだ、あの人たちは何もわかっていない」と言うならば、
傲慢以外の何ものでもありません。
人をジャッジしないこと。
スピリチュアルの概念を取り払うこと。
そんなものはないのですから。

優しく、愛にあふれ、互いに思いやり、
他人に強制せず、自分のやりたいことをきちんとやっていれば、
その人は完璧です。

頭では神を信じておらず、
口では「神など頼らない」と言っていたとしても、
彼の魂はもうすでに神とともにあるのです。

その魂は清らかで、神とつながっている。
頭は、これまでのくせでそう言っているのにすぎません。
頭同士でけんかしないようにすればいいことだと知ってください。

魂の約束　その４

――友人

ソウルメイト、魂でつながった仲間とは？

磯崎　まず、ソウルメイトについて教えてください。

紘矢　ソウルメイトって何か特別な、オンリーワンの存在と思っている人もいるかもしれない。白馬の王子様とかね。相性でも何でもぴたーっと合って。

でも、ぼくたちの考え方はちょっと違うんですよね。人生において関係が深い人。だから、ソウルメイトは何人でもいるという説なんです。

そしてその役割が終わったら、また別の人がソウルメイトとして現れる。だから、一般よりも広くとらえているんです。

関係が深い人だから、敵対的な関係の場合もあるしね。そうした関係から、いろいろ教えてくれる。

つまり、縁が深い魂のことをいうというとらえ方ですね。

ツインソウルとかツインフレイムとか、いろいろあるみたいだね。ぼくはよくわからないけど。亜希子さん、わかりますか？

亜希子　私もわからない。人によって定義が違うし、あまりこだわらなくていいと思います。ただ、ひとつだった魂が2つに分かれたのがツインソウルで、その魂同士は滅多に会わないんだけれど、突然会ってしまうこともあるらしい。それでツインソウルにもいろいろ段階があって、ツインレイというのが一番珍しくて等々、つい最近読んだのね。

でも、確かにそういうのがある気はするんですよね。

紘矢　ツインレイは twin ray、レイは「光線」ってことかな。

磯崎　光線の ray ですよね。

亜希子　ひとつの魂が2つに分かれたから、会うと、すぐに惹かれ合ったり、サインがあったりするけれど、それが結婚するとかいうことにはならないことが多いみたいなの。

ツインフレイムというのは必ずしも肉体を持っていなくて、あちら側でサポートしてくれているとか。

紘矢　ぼくらにはいろいろな仲間がいるってことだ。

亜希子　人間関係にも友だちになったり、夫婦や恋人、親友になったり、いろいろあるように、見えない存在もいろいろね。

夫婦はソウルメイトのレベルのほうが多いかもしれない。

紘矢　ぼくらは『出会った人が運命の人』（マイナビ）っていう本を書いたよね。

亜希子　輪廻転生からいうと、ソウルメイトは一緒に転生して、親子になったり夫婦になったり、いろいろな関係を通して学び合っているのよね。

出会った人はすべて運命の人

亜希子　私が一番大事だと思うのは、意地悪をする人というか、つらい思いをさせられる人って、結構、ソウルメイトだっていうことなんです。

つらい思いをさせるほうって、すごいカルマをつくっているじゃない？

磯崎　ああ、はい。

亜希子　そこまでして尽くしてくれているっていう（笑）。

福元　そういう考え方って、ちょっとホッとしますね。

磯崎　「ありがとう」って。

亜希子　そう、「ありがとう」なのよ。実際、本当に学んだときにはそうなるじゃない？

シャーリー・マクレーンも夫のスティーブは浮気者で、シャーリーからお金はむしり取るし、日本に愛人はつくるし、でも、最後にわかったことは、シャーリーがあそこまで目覚めるために必要なことをしてくれたということなのね。シャーリーも、「結局、私のためだった」と気づいて感謝していますよね。

結論として、**出会った人はすべて運命の人だから、大事にしましょう**ねって。だって、地球上には76億人もいるのに、それで出会うってすごいことよね。

紘矢　ましてや結婚する相手なんて、本当にね。

でも、好きになれない人、敵対している人をソウルメイトだと思わなくたっていいんですよ。

自分の感覚で決めればいいこと。

磯崎　ただ、いやだなって思う相手を「この人、ソウルメイトかもしれない。感謝してもよいのかも」って、ちょっと視点を変えると、少し人間関係が楽になるかもしれませんね。

亜希子　そういうふうに視点を変えて**「感謝してもいいかも」って思っただけで、私たちの波動って上がる**のですよね。

そうすると、エネルギー的に住む世界が変わるので、相手も気にならない存在に変わる。

福元　離れていく？

亜希子　離れていくこともあるし、あと、その人と低い波動でつき合っていたのが、高い波動で見るようになるから、今度は**自分の波動が上がった分だけ、相手のいいところが見えてくる**かもね。

磯崎 キャッチできていなかった、相手のいい波動がキャッチできるようになるんですね。

亜希子 そう、それで「あの人、いい人だった」って気づくの。

だって、同じ人に対して、ある人は「いい人」だと言うし、別の人は「あの人はどうも好きになれない」って言ったりするでしょう？　それは、違う波動でつき合っているからなのよ。

ソウルメイトってどんな人？

紘矢 ソウルメイトというと、一般には特別な恋人とか、とてもロマンチックな関係でとらえている場合が多いみたいだね。

磯崎 ただ、**ソウルメイトの範囲は広げたほうが、自分の人生が拡大していきそう**ですね。

亜希子 そうよね。

紘矢　何にしてもソウルメイトというのは、輪廻転生を前提にしているから、輪廻転生を信じない人には、なかなかわからないかもしれないね。

亜希子　人はただ偶然に出会っていくと思っている人たちもいるしね。

磯崎　輪廻転生を信じるようになったのは、いつごろからですか。

紘矢　ワシントンD.C.にいたころに、シャーリー・マクレーンの『アウト・オン・ア・リム』（角川文庫）を読んでからかな。

亜希子　そうね。それから『アウト・オン・ア・リム』を訳して、チャネラーのリア・バイヤースと出会って、「ぼくの前世は何ですか」って聞いたのよね。

紘矢　リア・バイアースとぼくは、ソウルメイトなのかな？

亜希子　ソウルメイトでしょうねえ。お誕生日が一緒なのよ。

福元・磯崎　えーっ！

紘矢　確かにリアと出会って、ぼくの人生も変わったし、リアの人生も変わったし。

亜希子　それも1回限りの出会いじゃなくて、重要な節目で何度も会った。

紘矢　ぼくらの人生で一番大きな役割を果たした人の1人かな。

亜希子　でも、10年、つき合いが途絶えて、音沙汰なかったときもあるしね。私が怖くなっちゃって。

磯崎　紘矢さんと亜希子さんが日本に呼んでイベントを主催したあとですか。

亜希子　その後、彼女が憑依されたみたいに、ものすごく権威的になったのよ。私の悪口も言うし。

　彼女が「これは精霊のメッセージです」って言って伝えてきても、精霊がこんな高圧的になるわけがないと思うし、私は私で精霊からメッセージをもらい始めて、「あなたはあなたでやりなさい」と言われるしね。

　でも10年後に龍村ゆかりさんから手紙が来て「アルーナ・バイアースという人が日本に来たがっているけれど、どんな人ですか」って聞いてきました。そのとき、アルーナの住所も教えてくれて、リアからアルーナに名前を変えた彼女の様子がわかったのね。

　それでニューメキシコのロナミのところに勉強に行っているときに、アルーナのところまで行って、そこで誤解をといて旧交を温めたの。そのあと、彼女が日本に来るのを手伝ったこともありました。

磯崎　紘矢さん、亜希子さんの25周年の記念イベントでお話もされて、亜希子さんが通訳されていましたね。

亜希子　震災のすぐあとにも来て、うちにしばらく滞在していたわね。それがきっかけで、彼女は今は日本に住んで大活躍していますよ。

紘矢　結局、ソウルメイトというのははっきりした定義があるわけではなくて、やっぱり「縁が深い人」ということだと思うよ。

あとは自分が誰をソウルメイトととらえるか、という個人の問題。

ソウルメイトとのつき合い方

亜希子　私が思うには、自分がすごく好きになった人について、「この人は私のソウルメイトか、そうでないのか」と悩むのがいちばんもったいない。

紘矢　その人にとってのソウルメイトは、とってもロマンチックなものなんだね。

亜希子　そこにとらわれて、目の前にいる人をちゃんと見つめないことが問題だと思う。結果はお任せでいいのよ。

紘矢　ぼくは、**「夫婦はソウルメイトだから、大切にしよう」**ということは言いたいな。

亜希子　出会った人について「せっかくご縁があったんだから」って、日本ではいうでしょ、それは素敵なことだと思う。

それと75年生きてきて思うのは、やっぱり縁が深い人っているなあって。たった1

回しか会わない人とか、たまにしか会わない人でも、あるのよ。

たとえば、占い師でセラピストの中森じゅあんさん。めったに会わないけど、つながりを感じるの。心と心が通じ合っている。

磯崎　ああ、わかります。それで会うと、昨日も会っていたみたいに地続きで話せる。

亜希子　そうなの。そこにはネガティブなものが一切ない。そういう人って、いるじゃない？

磯崎　お互い、変な嫉妬とかジャッジもないから、安心して何でも話せる。

紘矢　まあ、好きな人ってことかな。

磯崎　ただ、その一方で意地悪に思える人がソウルメイトの場合もありますよね。でも、時には距離を置いて自分を守ることも大事ですよね。

そのあたりの見きわめはどんなふうにしたらいいんでしょうね。

紘矢　それはもう人それぞれ、千差万別だから。直感と、「自分にとってコンフォタブルか」という感覚のセンサーを使って、自分で決めていけばいいと思うよ。

亜希子　結局、正解とか明確な定義はないから。

福元　すごく支配的な環境に置かれているのに、いわば洗脳されてしまって、そういう相手から逃れられなくなっているケースもありますよね。

磯崎　DV（ドメスティック・バイオレンス）でいうバタードウーマン※みたいな？

亜希子　それは結局、縁とか縁じゃないとかいうことじゃなくて、自己評価が低いの。自信がない。そこからなおしていかないかぎり、引き寄せてしまう。

私も40年前に働いていたマッキンゼーアンドカンパニーではほとんど、そういう状況に陥っていたんですよ。

磯崎　というと？

亜希子　人からすごくいじめられたの。

そのころ、私は自己評価が低くて、人の評価に頼って生きていたから、評価をもらいたいがために何でもやろうとしたり、できない自分をせめたりという連鎖の中にいたんですよね。だから、そういう人、そういう状況を引き寄せちゃう。

私の場合は精神的にまいってしまって、精神科のお医者さんに行ったら、「世の中って、そういうふうにすごくいじめる人っているんですよ」って言われて、すごく助かったの。

紘矢　いじめる人がいて、いいの。

亜希子　いいとか悪いとかじゃないのよ。「そういう人もいる」っていう、状況を認めるだけ。

※バタードウーマン
DVで、夫から虐待され続けている女性。逃げずに暴力的関係を維持してしまう。

紘矢　ああ、そうか。

亜希子　だから、お医者さんは「あなたが悪いわけじゃないよ」って言ってくれたってことなの。「世の中にはただ、そういう人がいるから気をつけなさい」って。

紘矢　そういう人からは離れたほうがいいね。

亜希子　そう。だから、「会社に行かなくていいようにしてあげます」って、診断書を書いてくれたの。

紘矢　自分の心の安定のためとか、うっぷんをはらすためとか、いじめたい人っているんですよ。

亜希子　いるのよ。

磯崎　私、父の仕事の関係で引っ越しが多くって、幼稚園は1年ごと、小学校も3か所移っているんです。転校ばかり。それでやっぱり仲間はずれにされたり、つらいことはあったんですけど、一番ひどかったのは中学校でした。

中学校は3年間、1か所だったんですけど、「何するかわからないから」って、修学旅行が取りやめになるくらいの暴力学校だったんですよ。いじめもすごくあったし。

放課後になると、先輩がリンチするために「○○いないか｣」って教室とかに回ってきて、必死で隠したりして。

私は最後までそちらのサイドに与《くみ》しなかったし、抵抗し続けたつもりなんですけど、毎日が本当に灰色でした。そこらじゅうに暴力やいじめがあふれていた。「学校に行かない」という選択肢を知らなかったから行っていましたが、異様な世界だったと思います。

そうした中で、人は人を保身のために見捨てるし、暴力に対して何て弱いんだろうって、やはりつくづく絶望したんです。

福元　行動社会学で集団心理の実験がありましたよね。囚人役と看守役に分けて、最初は演技だったのに、どんどんエスカレートして加虐的になっていくという。

磯崎　そうなんです、集団心理。みんな、なびいていく。ひとついじめを止めても、またすぐ繰り返される。

で、ある高校に行くのがそのころの希望の灯火だったんですが、願書を出す寸前に、また父の転勤が決まって、突然、別の県に移ることになったんです。希望の灯火が一瞬で消えてしまって。

それでもう気力ゼロになって言われるままに、ある高校に進学したんです。親もその県のことは何も知らないから、人づてにどういう高校があるか聞いていたんですね。でも、そうしたら、そこが天国みたいにとてもいい学校だったんです！　先生と生徒が自然にリスペクトし合っている感じで、先生が怒鳴るなんてあり得ないし、本が好きな人がいっぱいいいて話が合う。とても平和。

旧制中学の流れを汲んでいて、もとは男子校だから女性が少なかったんですが、それまでの弱肉強食社会と違って女性であることが弱みにならない世界でした。

それですごく癒やされたし、楽しかったんですけど、力が抜けたからか、それまでの経験が強烈すぎたからか、いつも心の底がうつみたいな感じでした。

紘矢 中学時代がトラウマになったんだね。

磯崎 ソウルメイトの美しい話から、なんでこんな陰惨な話になってしまったのか、申し訳ないですけれど（笑）。きっと何か意味があるのでしょう。

私は前世、よほど暴力に加担した側にいたんでしょうね。

今でもまだ、根底にちょっぴり、「人はいくらでも残酷になれる」っていう警戒心みたいなのがあるんです。

紘矢 人が信じられない？

磯崎 ふふふー。

紘矢 そうすると、また引き寄せちゃったりして（笑）。

磯崎 えー（笑）。いやいや、もう大丈夫です。この世にはガンジーみたいな人がたくさんいるのも、もう経験的にわかっていますし。

あと、ああいう状態では、人を救いきれないっていう絶望もあるんですよ。

紘矢　人を救っている余裕はないですよね。

でも魂はそれも全部、経験したいって思って生まれてきているわけだから。

亜希子　だから、しょうがないんですよ。

磯崎　そうなんですよ。終わってよかった。ありがとうございます。

あとは愛と平和を生きるだけ。

子ども時代のトラウマを癒やす

亜希子　『〝It（それ）〟と呼ばれた子』（ヴィレッジブックス）という本は、虐待とか、つらい子ども時代を送った人にはヒントになるかもしれないと思うの。

実のお母さんから壮絶な虐待を受けていた男性が書いた本なんだけれど、彼は子どものころ、ずっと自分が悪いからなんだって思っていたのね。

そのうち、やっと学校の先生が火傷の跡に気づいて、それをきっかけに保護されて母親から離れることができた。彼は母親と離れたことで起こっていたことを客観的に見られるようになり、トラウマを克服していって、自分の体験を本に書けるようにまでなったというお話です。

でも、そういう先生や保護司を用意しておいたのも、その人自身ですよね？

磯崎　そうですよねえ。決めていた。

亜希子　そうしたつらい経験も、実は魂が決めてきた経験だから、自分でどうにかできるっていうレベルの話じゃないのよね。

それでソウルメイトという話とどうつながるかというと、たとえば磯崎さんがいじめられている人を助けようとしたとき、その人はソウルメイトよね。1回限りかもしれないけれどね。

Ｉｔって呼ばれていた子にしてみれば、先生や保護司がソウルメイト、それ以上の天使かもしれない。

虐待やつらい状況下で育つと、自分も虐待するようになったり、そこに沈んでいったりしてしまう人も多いんだけれど、こうした本はとても助けになると思うの。

そこですくい上げてくれる人は、本当に天使よね。

磯崎　人からの助けを受け入れることができることも大切ですよね。

亜希子　それもあるけれど……、生きていく力が消えようとしているところまでいって初めて、やっと助けてくれる外側の人のところへ行けるっていうこともあると思う。

福元　一般的に虐待されている子どもは、「悪いのは親じゃなくて自分だ」って思っていたりして、親から離れられないっていいますね。

亜希子　親をかばうのよね。

磯崎　親の愛は海より深いなんていうし、自分もそのつもりでいますけど、実は一般に子どもの親への愛のほうが深いんじゃないかと思っています。子どものほうが純粋な分、果てしない。

紘矢さんが言うように、大人は「愛の中に生きている」といっても、なかなか実感ではわからない。でも、天に近い子どもはそこのレベルが違うというのは、子育ての中で感じてきたことです。

福元　子どもは親がいないと生きていけないという、自己防衛本能があるからじゃないでしょうか。

亜希子　どんな親でもいないと生きていけないから。

たとえ虐待する親でもその親しか知らないから、子どもには異常であることがわからない。

磯崎　それはそのとおりなんですけど……。親の存在が、自己の生存にもアイデンティティにも直結しているのは事実だと思いますから。

ただ、それと同時に、存在として、純粋に愛を知っているところがあると思うんですよ。その両方がある。

福元 それこそもう、あたりまえのレベルで愛があるということですか。

愛しているという認識ではないレベルの愛。

亜希子 へその緒のつながりのような。

磯崎 打算とか関係性とか、後先の展開を除いたシンプルな、フラットな愛。

無条件の愛を、身をもって教えてくれるためにやって来てくれたみたいな。

実際、やはりスピリチュアルなことを学んでいないときですけれど、次女の妊娠がわかったときに、なぜか不意に「ああ、私を助けに来てくれた」って確信して、すごく深く安心したことがありました。

別にとりたてて困っていることがあったわけではないんですよ。それでも、そのときの光景を覚えているくらい。

実は3人ともそうだし、結構、多くの子の魂がそうなのかなと思うわけです。

何事も一概にはいえないけれど、今、この世界で少々すさんだり、疲れてきたりした親役の魂に、「よーし、**無条件の愛をもう1回思い出すように助けてあげる！**　無条件の愛をそそいで、手伝ってあげる。ときどき、**やんちゃなこともして学びも助けるよ！**」というのが、結構多くの子どもの魂がしてくれていることかなと思います。

魂の旅に合わせて友だちは変わっていく

磯崎　友だちの話に戻します。この30年、友だちは変わってきましたか。

亜希子　**精神世界の仕事を始める前とあとでは、全部変わってしまいました**ね。

紘矢　ぼくらの場合、いちばんの親友はお互い夫婦かな。

福元　どちらかが先にあちらに行ったら、さびしいですね。

紘矢　そうなんだよ！　どうしよう（笑）。

亜希子　そのときにはそのときで何とかなるのよ。

紘矢　まあ、そうだ。

磯崎　スピリットダンスの集まりももう16年、主催され続けていますね。

亜希子　ダンスに来てくれる人たちもみんな、仲間。でも、不思議とメンバーがどんどん入れ替わるの。入ってきては卒業していく。

紘矢　スカイヨガの仲間もいるよ。

亜希子　スカイヨガはもう30年間、月に1回、彼が病気のときからお世話になってい て、ご近所だし、仲がいいわね。親友もいて、昔から相談に乗ってもらったりしてい ます。何でも話せる腹心の友。何よりも、とっても明るくて、頼もしいの。

磯崎　紘矢さん、亜希子さんはいろいろな人と協力してサークルをつくったり、イベ ントやプロジェクトをしてきましたよね。

最近、世の中をよくしていきたいって思って、SNSなども活用しながら仲間を募っ て自分たちで何か主催する人が増えてきたと思うんです。

何かひとつのことを複数の人間で進めようとすると衝突したり、スムーズに進まな くなったりすることもありますが、対処方法のコツはありますか。

亜希子　あのね、tactic、**戦略的な対処法は手放したほうがいい**と思います。

今はね、テレパシーの時代でしょ。だから、自分の中の愛の純度が高まっていくと、 それがまわりに波及していくから、それだけで大丈夫なのよ。

特に私たちは来たものを受け取るだけ、ほとんどおまかせ状態でやってきました。 だいたい、自分が中心になって大きな仕事をしたこともないし。そのあたりはよくわ からないというのが実感ですね。

磯崎　ただ自分が愛になっていけばいい？

紘矢　そうですよ。それだけです。

みんな友だち

亜希子　それにしても、精神世界のことを始めてからは、それまでの友だちが全部いなくなって。全部、変わったわよね。

紘矢　今もクラス会とかで昔の友人とつながってはいるけど、いわば表面的なつき合いで、精神世界の話はしないですね。

亜希子　彼はお酒も飲まないし、ゴルフもしない。だから、友だちがいない感じなんだけど、まわりに話すと、「うちの主人もそうよ」って言う人が多いの。男の人は友だちが少ないのかしら？

紘矢　そんなこともないと思うよ。ただ、ぼくは友だちと一緒にいないからさびしいということは全然ないんです。**精霊**がいつもいてくれるから（笑）。

姉たちふたりも精神世界のことをよく知っているから何でも話せて、仲がいいし。

それに、ぼくは講演会やリトリート、取材で外に出ることが多いから、何か会とかに入っても、欠席続きになっちゃうと思う。

毎朝会うラジオ体操の仲間たちもいますよ。終わったら、最近は5分でも10分でもマッサージしてあげるようにしているんです。

亜希子　ラジオ体操は毎朝、もう15年ね。

体操が終わったら一緒にウォーキングしたり、お茶したり。楽しいわね。

磯崎　一方で、今、さびしさを抱えながら生きている人も多いと思うんですが。

亜希子　さびしい人ってね、実は自分とうまくいっていないの。心を閉ざしている。それで、人を遠ざけてしまっている。

でもね、「自分は十分なんだ。I'm enough.」ってなれば、自然にまわりに人が集まるようになっていくのよ。

私も、自分で自分がオッケーになっていくほど、友だちが増えただけでなく、長くつき合うようになっていきました。

紘矢　自分は愛の中に生きている、神とつながっているって本当にわかれば、さびしさは消えていってしまうよ。大丈夫！

磯崎　紘矢さん、亜希子さんを見ていると、世界中が友だちみたい（笑）。オープンマインドで目の前にいる人、誰とでも垣根なく接しますよね。

私はもともと社交的ではなくて、人と話すのがこわい時期も長かったと思うんです。

それが大きくゆるみ始めたきっかけのひとつは、自分もスピリチュアルな本を翻訳する仕事を始めさせてもらって、アファメーション※を知ったときからかな。

亜希子さんも、「翻訳していてわからないことがあると、いつも精霊が教えてくれた」と言っていたけれど、確かにそういったことってあるんです。

訳していて、言葉の意味はわかるけれど、それがどういうことなのか、どういうものなのかがよくわからないとき――、直感やメッセージのように教えてくれることもあれば、そういう出来事が起きてきて合点がいったり、あるいは試してみて体感させてもらえたり。

アファメーションもそうでした。すごく効果があってびっくり。起きてくることも変わったり。

アファメーションは今、あたりまえに知られるようになって、いろいろな本も出ていますから、未体験の方は試してみたらどうかしらと思います。

※アファメーション
繰り返し自己肯定をすることで潜在意識に働きかけ、眠っている力を引き出す。たとえば、なりたい自分がある場合、「私は○○である」と断言する。

真のメンターは精霊

磯崎　少し前に亡くなった宝石店ベルエトワールの社長岡本憲将さんやスピリチュアル・アーティストのミラ（橋本一枝）さんは気の合う友であり、ソウルメイトでもあったのではありませんか。

紘矢　ああ、魂の友でした。亡くなってがっくり、さびしいです。

亜希子　そういう友だちとは、不思議と長く続かないみたいで。

紘矢　別々の道を行くことになることも多いね。

でも、リセットを日本に広めているジョーとナナ、がんを自分で克服した寺山（心《しん》一翁《いちろう》）さん、ほかにもたくさん、大好きだし、仲よしのソウルメイトはいるよね？

亜希子　お互いにリスペクトし合ってね。

ただ、基本的には、友だちって、人生のその時どきに助けてくれる存在として現れるのかもしれませんね。

長い人生を振り返っても、いろいろな人が現れては自分の道を変えたり、助けてくれたりして、さよならしての繰り返しでしたよね。

紘矢　あと、ぼくはね、性格として、誰かとくっついて行動するというのがない。

亜希子　ふたりともかわいげがないの（笑）。
紘矢　弟子とか子分にもなれない。
磯崎　〝一匹オオカミ〟だから（笑）、従属しないし、従属させもしないんでしょうね。
亜希子　人生でそのときどき、ロナミだったり、気づきのセミナーの講師ダンカンだったり、いろいろな人が先生として現れたことはあるけれど、みんな期間限定、学校の担任の先生みたいな感じですね。メンター（指導者）ではないのよ。
紘矢　本当に不思議だけど、精霊が友だちでメンター。何でも教えてくれる。
　ぼくの場合、精霊はイエスさま。
亜希子　みんな、神さまとつながっているのよね。
紘矢　それと、ヒーリングや瞑想でも、いろいろな資格があるじゃないですか。ぼくらは何もない（笑）。
磯崎　方法はいろいろあっても、ベースは「自分を知る」という道を行くのがいちばん確実で間違いがないと思うんですよね。
紘矢　愛を学ぶというのが、間違いがない。「自分を知る」というのがスピリチュアルの王道派だと思いますよ。
　自分のことを知らないで、外側のことばかり追いかけていたら、ふわふわしちゃってね。

亜希子　自分というダイヤモンドを輝かせていくことに尽きると思うのね。スピリチュアルって知識を深めたり、修行を積んだり——それもいいけれど、そういうことじゃない。

磯崎　今、瞑想、ヒーリング、禅などでも、さまざまな先生やグループ、メソッドがあるけれど、基本的にはよりかからず、とらわれず、自分を生きていく時代が始まっていると感じています。

自分を知ることは、直接、高い存在とつながっていくことと同じこと。外側に絶対的なものはない。内なるものよりも頼れるものはない。

大昔、おしゃかさまが「自灯明、法（ダルマ・宇宙の真理）灯明」っていったとおりだなあって思います。

亜希子　人生はいつ、どういう人が出てきて仲よくなるかわからないのも、楽しいのよね。

年齢も関係ないでしょ？　ふたごのスピリチュアリスト「あーすじぷしー」も年齢は倍くらい違うけれど、とても気が合うし。

磯崎　フェイスブックの登場もあって、友だちの概念が旧来とは変わってきているところもありますね。体はそこにいなくても、通じ合える。

亜希子　もうテレパシーの時代が始まっていますよね。フェイスブックやＳＮＳの隆盛は、その先触れだと感じているの。

紘矢　前はどんなに仲よかった人とも、「去る者、日々に疎《うと》し」だったけれど、ＳＮＳのおかげでずっとつながっていられるようになったね。

リトリートとか、一緒に旅行に行くのも、仲よしができるきっかけになりますね。

磯崎　良質なリトリートやイベントでは自然に心が開いていくので、何でも話せたり、深い話ができたりする友だちが生まれやすいですよね。

ただ、実際にはあまり気軽に旅行に出られない人もいると思うんですね。経済的な事情、仕事、介護、子育て、いろいろあって。

でも精霊とつながり、友だちになることは、今すぐ誰でも、自分次第でできると思うんです。費用も時間もかからないですし（笑）。

紘矢　そうそう。自分の中にいるんですから！

磯崎　それでは次の章で精霊と友だちになる方法、対話の仕方についてお聞きしていきたいと思います。

友人について

もうこれは、すべて仕組まれていること。
ですから、何も気にしなくてよいのです。

人びとはただ動き、あなたの人生に現れたり、そこから消えたり、
しばらく伴走したりしているだけなのです。
どうして別れるのかも、あなたが気にすることではまったくありません。
どんなことが起ころうと、
ただ感謝していればよいのです。

そして、ずっと一緒にいることが
尊いことでも良いことでもないのです。
良い、悪いという思いも振り払ってください。
あなた自身がその人を人生に招き、

相手が旅立つときが来れば旅立ち、
あなたが別のところへ行くときが来れば別の道に行くだけです。

「別れられない」という義理はありませんから、
ただ楽しく、知り合った人には感謝して、
調子悪くなったなら感謝して別れればよいだけです。
うらむ必要も何もありません。
ただ、「この関係は終わっていいのだ」と思い、
「これから私の人生を明るく軽くしてくれる人は誰だろう？」
「この人も、今は関係が調子悪くなっているけれど、
私の人生をとても明るくしてくれた」と感謝していればよいだけです。

友人について、深刻に考えることは一切ありません。
世界中の人があなたの友だちです。
その中で特にあなたのそばにやってくる人も、
ご縁があって一瞬のときをともに過ごす人、

魂のふれ合いを感じる人、
ただただ楽しいだけでいく人、いろいろな人がいるだけです。

必要なことはどの人にも感謝し、どの人も大切にすること。
別れることにおいてさえも、相手を大切にすること。
そして実は、そんなことも思わないほどに、
ただ自然体でいけばよいのです。
(自然に起こることを起こらせておけばいいということですね。
決まっているのだから。——紘矢)

縁がなければ、会いません。
日本は「ご縁ですね」「縁談」「袖触れ合うも他生の縁」というように、
縁を大切にする社会です。
「ご縁ですね」というのは、実はとても力のある言霊です。
そこには感謝、感動、親しみの思いが詰まっています。
ですから、その言葉を大切にしてください。

この言葉こそ、世界に広げてもよいかもしれませんね。

この本を手にした人は、
人間関係からの学びはそろそろ卒業するという
サインを受け取ったのです。
あなたのそばに卒業した人がいたなら、
ほめ、拍手し、祝福してあげましょう。
自分が卒業したなら、
とてもうれしく思ってください。

魂の約束　その5

――精霊

エネルギーの波に乗り、メッセージを受け取ろう

紘矢　つながる精霊はね、ミカエルでもイエスでも、自分が「いいな」って思う存在でいいんですよ。それでどんどんお話し始めればいい。
ただ、イニシエーションというのはあるかもしれないね。

磯崎　イニシエーション？

紘矢　たとえば、チャネリングできる人といると、チャネリングできるようになるとか、そういったこと。
チャネリング、してる？

福元　まったくしないですねえ。

紘矢　でも、仕事しているときも、自分で書いたり、企画したりしているつもりでも、後ろからたくさん応援してもらっているんじゃない？

福元　そうですねえ。感じることはあります。

磯崎　自動書記や**チャネリングができるようになるコツ**ってありますか？

亜希子　いちばんおすすめは、**モーニングページ**。
朝起きたときじゃなくてもいいんだけれど、頭に浮かんだことを何でもノートに書

いていくの。ひと言書くと、次々出てくるから、出尽くすまで書くんです。それで、見直しもしないで、そのままにしておく。

それをできれば毎日続けて、1か月後くらいに読んでみるの。そうすると、結構、そこに書いてあることが当たっていたり、自分ではとても書けないような知恵の言葉が書いてあったりして、びっくりすることが多いのよ。これはチャネリングの練習になると思います。

同時にクリエイティビティが刺激されて、急に小説を書き始めたり、絵を描き出したりする人もいたりします。**クリエイティビティって、天とつながるっていうこと**なのですね。

私はモーニングページを知る前にチャネリングを始めたけれど、私も精霊から、「頭に浮かんだことをまず書いてごらん」と最初に言われました。

さらにそれよりも前から、自分では何が起こっているかわからなかったけれど、大切なことを話すときに、たびたびチャネリングをしていたと思います。

たとえば、『アウト・オン・ア・リム』を訳したあと帰国して、まだ勤めていたときに、会社で上司と仕事の話をしながらお茶をしていたら、私、突然、スイッチが入って、神さまの話を始めちゃったの。

そうしたら、彼が身じろぎもしないで、じーっと私の目を見て真剣に聞いているのね。ふつう、そんなふうに人の目をじっと見つめたりしないでしょ？——それも30分以上も。

紘矢　彼はエネルギーを受け取っていたんだね。

亜希子　一方で、ふだんの私もいて、その状況を冷静に見ているのよ。「どうして彼はこんなふうに私の目を見ているんだろう？」って。

そのときは何が起きていたか、わからなかったけれど、あとあと、「ああ、あのとき、私はチャネリングしていたんだな」って思いました。

紘矢　一昨日のお話会でも、途中でエネルギーがワーッと来て、ばんばん話させられたって言っていたね。そういうことってあるよね。

福元　仕事でアイデアが出てこない中、ふっと浮かんだときは、最近は「ああ、助けてもらっているんだなー」と思うようになりました。

紘矢　最初は、「イエス・ノー・クエスチョン」から始めたらいいですよ。「私は女ですか？」とか自分に聞いてみて、指がイエスと動くかノーと動くか。

利き手にシャーペンを持つか、直接人差し指を動かすかして、筆記体のＹｅｓかＮｏを書くんですよ。

手の力を抜いて、思考しないで、右脳で書く感じ。自分で書こうとしないで、手に任せる。

亜希子　潜在意識は全部知っているから、そこに任せるのね。Ｏリングテストやキネシオロジー（筋反射）ってあるでしょう？　そんな感じ。

自動書記にこだわることもないと思います。直感でメッセージをとらえてもいいし。

磯崎　こうして精霊とお友だちになれば、多少、人間とお友だちとうまくいかないことがあっても――。

紘矢　応援団がついている！

亜希子　もちろん最初から応援団はついているんだけど、コンタクトできるようになる。そうすると直接、サポートされていることが感じられるじゃない？

紘矢　みんな、できるようになるんですよ。できるようになると、「なーんだ、こんな簡単なことか」って。

家庭教師はイエスさま

磯崎　おふたりは精霊からどんなことを教わってきましたか。

紘矢　ぼくは愛を教えてもらった。それから、最初のころに自分で受け取ったメッセージは**「心配するな、すべてを私たちにまかせなさい」「信心深くなりなさい」**の2つ。

ぼくはよく心配していたから。

病気のときにも言われたし、それ以降もよく言われる。

すべては「一分一秒くるいなし」だから、信頼しなさいって。

亜希子　病気のときはもう、「こうしなさい！」って感じだったわね。

「医者に行ってはいけない。薬も飲んではいけない。発作が起きたら、水をたくさん飲んで我慢しなさい。殺しはしないから」「肉も魚も、動物性のものはいっさい食べてはいけません」って。

磯崎　「殺しはしないから」って（笑）。

福元　亜希子さんはどんなメッセージをいただきましたか。

亜希子　私はメッセージというよりも――当時、翻訳を始めたころ、日本には今みたいに精神世界の本がなかったんですよ。あってもすごく難解だったり、わかりにくかったり。

そんなときにイエスさまがいちいち、基本的なことを教えてくれました。イエスさまが先生だったんですよ。

紘矢　ぼくたちの家庭教師はイエスさま。

亜希子　それで毎日、宇宙の真理について教えてもらいました。本当にそれだけですよね。

それと、主人が病気だから、状態が悪くなったり、発作が始まったりすると、「どうしたらいいんでしょう?」って。そうすると、「水を飲ませなさい」とかね。

そして、「これが最後の発作だから」なんて、うそばっかり（笑）。

精霊が使うふたつの〝うそ〟

亜希子　私が精霊に「うそだったじゃないですか」と言うと、「では、あなたはこれがあと1年続くと言ったら、耐えられましたか」って。

それは耐えられないよって（笑）。

メッセージが間違っている理由って、２種類あるんです。

ひとつは、私たちの問題。自分自身がちゃんときれいになっていないと、メッセージが乱れたり、低いところからのものだったりするの。イエスさまからのメッセージだと思ったら、どこかのキツネちゃんから、なんていうことになりかねない。

もうひとつは、意図的にそうされている。たとえば、イエスさまにとって、当時の私たちを育てることはものすごくたいへんなことだったんです。急がなくてはいけない、でも、まだ今のように人が育っていないころだから必死。うそを言うひまはない。でも、私をくるわせるわけにもいかない。私たちはふたりとも人間だし、霊的な学びもまだ始まったばかりだから、本当のことを一度に全部言ってしまったら、ついていけない。だから、方便を使うのね。

磯崎　人を見て法を説く？

亜希子　そう、その人をなぐさめるために、うそもつく。ただ、そのうそはすぐにちゃんとわかるものなの。「あのとき、うそを言ったじゃないですか」って言うと、「それはこういうことだから」って、そのときに本当のことを教えてくれて、「ああ、そうだったのか」って。

あと、方便のひとつに「引っかけのうそ」というのもあるの。たとえば、私たちがこの道に入るときには〝エサ〟がね、目の前にぶらさげられたんです。

紘矢　ああ（笑）。

亜希子　架空のエサがあって、「こうなるよ」なんて美味しいことを言われたけど、全然そうならなかった。

でも、それって、「うそをつかれた」っていう感覚はないの。それがあったから、楽しくすんなりこの道に入れた感じ。

磯崎　何て言われたんですか。

紘矢　たとえば、「あなた方の社会的地位をすごく上げてあげる」とかね。当時はぼくにそういうエゴがあったから、喜んでそれに乗って、「やります、やります」って（爆笑）。

福元　でも、ある意味では当たったたじゃないですか。大蔵省の役人的な地位はなくしても。

紘矢　うーん。もっと失ったよな？　肩書きも勲章も（笑）。

亜希子　でも、やっぱり、だまされたって感じはしないわよね。この30年、本当におもしろかったもの。

紘矢　当時のぼくが話に乗るようにしてくれたんだね。

精霊から「この道はたいへんですよ。それでもやりますか」って言われて、「はい！」って言ったんですよ。

でも、代わりにもらったのは病気だった！　想像もしなかったたいへんさでしたよ。夫婦間の葛藤もね。

どちらも終わってみれば、「なーんだ、それが必要だったんだー」ってわかるけどね。

磯崎　いっぱいお互いに学び合って、心のしこりみたいなものはもうないんですか。

紘矢　今？　全然ないよー。

亜希子　今はないですよね。

紘矢　「ああ、この人、ぼくにとって宇宙一、いい奥さんだったんだ！」って、１００パーセントわかったから。

不満たらたらの時期もあったんだけれど、それを超えたら、ただ心からの感謝だけ。ありがとうございます。

亜希子　前は彼への嫉妬や怒り、「自分なんて」という思いをいっぱい持っていたんだけれど、自分がオッケーになったら全部消えてしまった。

本当に恥ずかしいことだけれど、前は彼の本を宣伝するなんてできなかったけど、今は単純に「いい本だから、読んでねー」って。

紘矢　前は、「男はこういうところがけしからん」みたいなこともよく言っていたし。

亜希子　それは今でもそうよ。だって、社会にそういうことはまだあって、おかしいことはおかしいもの。

知っておきたいチャネリングの基本ルール

紘矢　精霊には、街で、「このレストランはどうですか」なんてことも聞いたりしますよ。
亜希子　それで、「美味しくないですよ」って言われたり（笑）。
紘矢　「この株、もうかりますか」とか、私利私欲のことを聞くのはあんまりよくないけれど、何でも聞いたらいいんですよ。失敗しても、それも練習になるから。
ただ、他人を支配するような答えが出てきたら、それは違いますからね。
磯崎　メッセージは時に厳しさはあっても、いつでも愛が感じられる、サポートする内容なんですね。
亜希子　あと、自分の家族だろうと、**他人のプライバシーに関わることを勝手に聞いてはいけないの。**
相手の許可を得てもいないのに、「あの人の前世は何ですか」とか。
私もこれまで８００人以上、チャネリングで見てきてあげたけど、お母さんが「娘の前世は何ですか」とか聞いきても、それには答えないで、「そのお子さんにお母さんがどう接したらいいか」という本人のこととして答えるようにしてきたの。
磯崎　亜希子さんのチャネリングは非常に当たるし、大勢の人を癒やしてきたことは、実際に見聞きして知っています。

紘矢　「私の前世は何ですか」とか「誰々とはどういう関係ですか」って聞く人たちは、たくさん来たよな？

亜希子　精霊の答えに対して「なるほど」と言う人が多かったけど、怒る人もいたわ。

紘矢　「私はアフリカの原住民なんかじゃなかった」とか、「もっといい身分の人だったはずだ」とか。

磯崎　アフリカでも、エジプトのファラオだったらよかったのかな。アフリカの原住民だったとして、何がいけないのでしょうね。

亜希子　そうなの、実はそれはとてもよいことなのです。**今の時代に、その大自然とつながった強力なエネルギーを持っている**ということだから。

ネイティブアメリカンだった人も結構いたけれど、話を聞くと、やっぱり自然療法を仕事にしているなど、自然とつながったことをしている人が多かったですね。「ほかの人から、前世は神話に出てくるお姫さまだと言われた」のに、私からも同じ答えが来ると期待していたら違っていたと言って、怒った人もいたわね。「私はあなたを信じませんから」って。

でも、私は出てきたものをお見せするだけですからね。それに、神話のお姫さまだった前世を否定したわけではなく、ほかの前世に焦点を当てたというだけなんです。前世はたくさんあるでしょ。

磯崎　チャネリングは、顕在意識やエゴの期待をはずして、虚心でするだけですよね。

亜希子　そう。**「自分自身をどれくらいクリアにできるか」というのが大事**なんです。

磯崎　だから、同時並行で自分を知っていくことに取り組むことも、とても大切なんですね。

エゴからのメッセージか、愛からのメッセージか

亜希子　メッセージを疑うことも大事なんですよ、特に最初のころはね。というのは、始めてしばらくの間は、出てくるものにエゴのフィルターがかかっていることが多いのよ。

私も最初はそうで、自分の中からゴミが出ているんだなって思っていました。それでも続けているとね、だんだん透明度が増していきます。

磯崎　お掃除がすんで、本質的なことが出てくる。

エゴの自分にとっては耳が痛いこと、すぐには理解できないこともありますね。

私は、頭ではわかっていたことでも、タイミングに合わせて直感的にわかるように教えてもらえるのがありがたいです。

最近も、受け取ることについて聞いたとき、「今、受け取らないのはエゴ」って。「与える」と「受け取る」。これは本当はまったく同じことなんだ——言葉ではとっくに知っていたことでも、ぐっと腑に落ちるときがあるんです。

亜希子　チャネリングし始めると、人から相談を受けるようになってもいきますよね。

それで、「なんとか力になってあげたい。でも、いい解決策がわからない」っていうときこそ、チャネリングしてあげるといいですよ。

というのは、頭がギブアップ、「自分ではよい答えが出せない」と思ってサレンダーするでしょ？　そのときに、どこかからエネルギーがやって来て、つながって、細い通路を通って降りてくるのよ。

そして、なれるにしたがってその通路がだんだん太く、確かなものになっていくの。

磯崎　純粋な愛の思いが、高いところのエネルギーとつながるんですね。

宇宙から新しい知恵を引き寄せる

磯崎　チャネリングとは別に、亜希子さんは人から何か相談されたときに心がけていることとってありますか。

亜希子　スピリチュアルな学びを進めるうちに、自然に人から相談を受けるようになっていく人も多いと思うので、何かアドバイスをいただければと思います。

亜希子　それもチャネリングと同じなのよ。結局、何であれ、答えるときには2つの方法しかないんです。体験したことなど、自分の引き出しから答えるか、宇宙から新しい知恵を引き寄せて波動を下げてこの世界の言葉にして話すか。

だから、愛の部分で高いエネルギーとつながって、そこから言うしかないんです。

それを相手がどう受け取るかは、相手の問題よね。

前も言ったみたいに、一生懸命、力になろうとしても、最終的になぜか、うらまれることもあるし（笑）。相手がどう思おうと、それでいいよね。

磯崎　そうですね。そこは圏外。

亜希子　人から相談されたら、インプットからアウトプットへ、新たな勉強の段階に移ったんだなっていうスタンスでいたらいいんです。自分の問題からもっと広がって、自分が拡大していくときです。相談されることによって自分の体験を振り返って確認したり、新しい情報を宇宙から受け取ったりしてね。

そして、人って、愛とエゴが50パーセントずつのときもあれば、愛が60パーセント、90パーセントというときもあるでしょう？

１００パーセントのときには純粋チャネリングができるようになる。誰もが自然にメッセージを受け取るようになるの。だから、そういう意味でも、時期が来れば、つまり愛そのものになれば、誰でも絶対にいいチャネリングができるようになるんです。

逆にいうと、無理やり努力してやろうとしている間はね、エゴのほうが勝っているかもしれない。

それと、頼まれもしないのに、自分が受け取ったメッセージを「あなたに来ているから」って伝えたりするのは禁物ですよ。相手からの依頼、許可があったときだけやってくださいね。

それから、やっていて不安になったら、信頼できる人に相談するといいですよ。

磯崎　どういうエネルギーの存在とつながっているかの確認は大事ですよね。

亜希子　そう。客観的に判断してくれる人がいるといいですね。

誰もが神のエージェント

亜希子　今、大切なのは、目に見えるものだけがすべてではなく、自分の力だけでもないことを知って、サムシング・グレート、大いなる存在を感じること、つながることでしょうね。

紘矢　それと、聖フランチェスコ※が「私を神の道具としてお使いください」と祈っていたけれど、そういうふうになっていくこと。フィンドホーンのアイリーン・キャディも、「私は神の道具です」と言っているね。

　ぼくも今、神の道具ですよ。何をするときにも、「神さまのエージェント（代理人）」としてしているんだ。

亜希子　本当はみんな、そうなのよね。一人ひとりが神さまのエージェントで、神さまの代わりに神さまの仕事をしている。

紘矢　みんな、神さまの子ども。みんな、平等で同じものでひとつ。そこがどこまでわかってくるか。

磯崎　亜希子さんは前に、「宇宙にまかせていると、ぽんっぽんっと必要なところに行かされて、することをする」と言っていましたね。

※聖フランチェスコの祈り
聖フランチェスコは、フランシスコ会の創始者として知られる、中世イタリア・アッシジの修道士。聖フランチェスコの平和の祈りは、「神よ、私をあなたの平和の道具（instrument）としてお使いください。憎しみのあるところに愛を置かせてください」「絶望のあるところに希望を置かせてください」などと続く。

亜希子　30年前、精霊に「今は宇宙の大計画があって、人びとの意識を変えるために動いている。私たちと一緒に仕事をしませんか」と言われたときから、そう思ってやってきましたね。それは本当に素直に。

私の中ではいつも、**宇宙のプログラムの中で仕事をしている**のです。そのために日本に帰ってきたし、翻訳もすることになったんだなって。

紘矢　みんな、実は神さまのエージェント（代理人）として働いているんですよ。そんなことがわかっていなくても、無意識のうちに。

磯崎　私たちが今いるところは、会社だろうと何だろうと、学びの場であると同時にエージェントとして働いている場所なんですね。

紘矢　そのことに気がつけば──。

亜希子　世界がぐんと広がりますよね。

紘矢　気づき始めると、どんどん深く、ますますわかるようになっていくよ。

亜希子　今、進化の速度が速くなっているしね。

私たち、10年前だったら、ここまでのことは言っていなかったかもしれない。今だから出てくる。

10年後は何を言っているかしら（笑）。

磯崎　１年後でもさらに進んで、すごいことになっていそう！　また、よろしくお願いいたします。

精霊からのメッセージ

精霊について

あなた方が三次元にいるときには見えない存在、
そのすべてが精霊です。
ということは、宇宙全体が精霊そのもの。
そして、実は、体を持ち、宇宙のごく一部しか見えないあなた方も精霊なのです。
ただ、肉体を持つと、肉体がブロックして
本来、見えているもの、知っていることが
ときどき見えなくなってしまいます。

それはこの地球という場所が、そのように仕組まれているからです。
それによって、私たち精霊がふだんはできないこと、
体験できないこと、思ってもみないことが起こるような、
そんな世界を創っているのです。

宇宙全体、
宇宙にありあまる精霊と呼ばれる存在からすれば
地球は遊園地のようなもの。
ふだん体験できないことが体験できる
とてもおもしろい場所。
そんなところがあなた方の住む地球であり、
肉体を持つということだと知ってください。

ですから、今、とても大切になっていることは、
「自分は遊園地に来ていて
起きていることを楽しんでいるだけ。

そして、そこから出てみれば
自分は全知全能の神であり、すべてであることがわかる」
ということを知りながら、今を楽しむことです。

「自分は全知全能、すべてを見通す精霊であることに
自分自身が選んだかたちで覆いをかけてしまう。
または目が行かないようにしてしまう。
そんな楽しいことをしているのが今の自分なのだな」
と、意識としては楽しんでいないかもしれませんが、
「ふだんはできないドキドキ、ワクワク、ハラハラ、
夢のような体験をしているのが今なのだ」
と知っていれば、
何が起ころうと、悠然としていられるのです。

ほとんどの人はそのことを忘れているだけ。
そして、自分自身が開《ひら》けていないところを知るために、

ある意味では精霊という存在を創り出し、
私たちからのメッセージという形で
いろいろなことを教えてもらっているだけなのです。

私たちはあなた方と同じもの。
すべてはひとつなのだから。

気をつけなくてはならないのは、
時として
自分の覆いがかかっている部分と会話してしまうことです。
それはエゴ、自意識といってもいいでしょう。
そうしたものに取り込まれているときに起こります。

もっと真摯な気持ち――、
「真理を知りたい」
「少々つらい思いをしても、自分に忠告してくれる存在がほしい」と思ったとき、

神、天使、あるいは精霊と呼んでもいい、
あなた自身と会話できるようになるのです。

ですから、あなた方に忠告したいと思うことは
ただ、「本当の自分自身を知りたい」
という思いをちゃんと持つこと。
そのうえで、私たちにコンタクトを取ってください。
すなわち真我、
あなた方の本当の知恵と通じ合ってください。
あなた方の大いなる自己と通じ合うときの
とても大事な
そしてほとんど唯一のコツであり、目的です。

繰り返しますが、
大いなる存在とよき関係を築くためには
自分自身との関係をもっとよくしたいという思い、

あるいは本当によい関係が必要です。

自分をもっと知りたい、高めたい、
神に近づきたいという思いさえあれば、
大いなる自己から
もっとよいアドバイスや素晴らしいメッセージを受け取ることができます。

あなたとあなた自身との関係がよくなったとき、
あるいはよくなりつつあるとき、
あなたは完璧なチャネラーに、
自分に必要なことはすべて自分から得られる存在になることができるのです。

おわりに

山川亜希子

2年ほど前、『受け入れの法則』という本を出しました。ふたごの姉妹「あーすじぷしー」と山川紘矢、そして私の4人の座談会を本にしたのです。

その本を企画してくださったのが福元美月さん、本としてまとめてくださったのが磯崎ひとみさんでした。

そのおふたりから「人間関係に関する山川夫妻の対談の本をつくりませんか」というお話をいただいて、3日間にわたって合計10時間ほど、4人で語り合いました。それを今回も磯崎さんがまとめてくださって生まれてきたのが、この本です。

人間関係についてはだれもが悩み、問題をかかえがちです。

なぜかと言えば、この　地球では、主に人との関係を通して自分自身について学ぶことになっているからです。

特に今は、多くの人が急速に自分自身は誰か、何ものかを知りつつある時代です。

そのためにはまず自分自身を見つめ、自分の思い込みやゆがんだ感情、どこかで習い覚えた、間違った概念などに気づく必要があります。そして、そうした気づきは、私たちが日々体験している人間関係を通してやってくるのです。

人間関係がうまくいかないといって、悩む必要はありません。それはあなたが自分自身を知ろうとして困難な人を引き寄せ、大きな学びを得ようとしていることだからです。

困った人に出会ったら、「人生のインテンシブクラス（集中講義）が始まった。たいへんだけれど、一生懸命学ぼう。どんな自分が出現するか楽しみだなあ」と思えばよいのです。

とはいえ、現実にはそれはなかなか難しいですよね。特に、自分が自分の世界を創造していることがわからないうちは、どうしても被害者になってしまいます。

でも、被害者でいては何も変わりません。「かわいそうな私」と、ずっと思っていたのでは、あなた自身もあなたの世界も変わりようがなく、被害者のままで一生が終わってしまいます。

人間関係の問題をどうにかしたい、解決したい、と思い始めたときに、あなたは成長を始めます。もがき始めます。そして、本を読んだり、人に相談したり、講演会を聞きに行ったりして、勉強し始めるでしょう。

すると、きっとこの本に書いてあるようなことにぶつかります。

「あなたは被害者ではなくて、すべては自分で作り出して引き寄せているの。被害者だと思い込んでいて、だれのせいだとか、自分はどうしようもないと思っている間は、あなたはそこから自分で抜け出すことができないのよ」と言う人にめぐり会います。

そして、「そうか、私の問題だったのか」と思い始めるでしょう。するともっと素晴らしいことに、ずっとあなたの中にあるのに、あなたと切り離されていた知恵や勇気や光が表に現れ始めるのです。

あなたは内なる力に導かれ始めます。神さまや宇宙や天使たちが応援に駆けつけるでしょう。

次には、すべては自分が創造していること、困難な人間関係も、自分のゆがみや思い込みが原因だったこと、そのことに気づくためのありがたい出来事であることがわかってきます。

すると、相手が自分のそばから消えてしまうか、たとえまだそこにいても、以前よりもずっと楽につき合えるようになります。

その人はあなたの学びのために現れてくれたのですから、学び終えればもう、そこにいる必要はないのです。何しろ、あなたが必要だと思って、彼や彼女をあなたの世界にご招待したのですから。学びが終われば、あなたはその人たちを自分の世界から、いわば消去してしまうのです。


人間関係から学ぶことは数多くあります。人によって何を学ぶかは違いますが、結局は「自分自身が何ものであるか」を学ぶための、最も大切なチャンスなのです。人の中にあなたが見るものは、あなた自身の中にあるものだけ。

もし、その人が素晴らしい人であれば、あなたもまた同じ素晴らしさを持っているから、その人の素晴らしさがわかるのです。

もし、その人を変な人だと思っているならば、たぶん同じようなところがあなたの中にもあるのでしょう。「他人は鏡」というのはそのことです。


さらに、人間関係から学ぶことで、あなたはどんどん自分を浄化しています。そして真のあなた自身、光であり愛であり、宇宙であるあなた自身に戻っているのです。

今は、それがどんどん地球上で広がっています。自分自身の真の姿に気づき始めた人たちが増えていて、地球のエネルギーが高まっているのです。

早くみんなが、自分自身が愛の存在、神そのものであることに気づかないといけないときが来ているからです。

人間関係から学ぶ速度も速くなっています。

今までのように、ずっと我慢してやっと気づくのではなく、短時間で相手から多くを学んで次に進めるようになっています。だから離婚が増えているのかもしれませんね。

４人で気楽に話し合った10時間でした。そんなおしゃべりを楽しんでいただければ、とてもうれしいです。

お読みいただき、ありがとうございました。

おわりに

山川紘矢

この本の出版に関して、関係してくださった多くの人びとに感謝します。

この本は磯崎ひとみさん、福元美月さん、山川亜希子、山川紘矢、そして精霊の5者で魂について話し合ったことをまとめた珍しい本です。

私たちがこのときを選んで生まれてきたのは、多くの人びととともに覚醒して、この宇宙でとても大切な星である、地球の環境を守ろうという使命を持っているからだと思っています。

そして、今の時代は、そのときが確実に来ているのです。人びとは、どんどん自分の使命に目覚めつつあります。

すでに地球自体が5次元に上昇し、そこに住む地球人も集団覚醒の時代に入っているそうです。そこでは喜ばしいことに、次々と目覚めた人びとが生まれています。

心配しなくてもよい。

未来は大丈夫だ。
すべてはうまくいく。
そう信頼して、自分が本当にワクワクすることをやっていけばいいのだと思います。

本文にもあるように、若いころのぼくは物質世界だけを信じて、3次元の世界しか、見えていませんでした。

人生の後半になってようやく、宇宙の根源の、神の大きな計画の一環として、自分たちが今、ここに存在しているのだと納得することができたのです。

そのために、私たちはこれまでいろいろな苦労を味わってきたのだということも、やっとわかったのでした。

まだまだ覚醒からはほど遠く、生き残るために恐怖の物質世界で、戦々恐々と生きている人たちもたくさんいて、あたかも人類の歴史が逆方向に進んでいるような出来事も起こってはいますが、もう心配しないようにしようと思います。

ここまできて、やっと、わかった人間から人生はリラックスし、楽しめばいいのだとわかりました。

そして一番大切なことは、すべては愛であること、私たち一人ひとりも愛の存在であること、大切なのは、出世することでも有名になることでも金持ちになることでも競争して勝つことでもなく、自分が自分らしく生きればそれでいい、そのために自分自身を知ることだと悟ったのでした。


人はみんな、同じ目的を持って生まれてきていると思います。

それは幸せになること、そして、人の幸せに貢献することだと思います。


２０００年以上も前におしゃかさまや老子、イエスが言っていたことを、今やっと、人びとがわかる時代がやって来たように感じています。

これまでの人間社会は常に争いの世界でした。強いものが暴力的な力で弱いものを支配してきたのです。そこには差別、戦争、競争がありました。

今でも力の世界を信じている人が大多数かもしれません。人びとは死ぬことを恐れ、殺される前に敵を圧倒するために、武器をつくりました。とうとう核兵器競争という、地球の存続さえおびやかすほどに危険な状態をつくり上げてしまいました。

それもすべては宇宙の計画なのでしょう。究極まで追い詰められて、人間はやっと気づくようにプログラムされているのでしょう。

地球が汚染されて、人間が住めなくなってしまうかもしれない状況がやって来ています。でも、幸いなことに、すべては完璧に計画されているのだと思います。ここまで究極に追い詰められた状態になって、人びとは初めて、なんとか自分たちが生きのびる方法に気がつき始めたのです。それは人間の集団覚醒です。

人びとが本当の自分の使命に目覚める時代が、しっかりと計画の中に組み込まれているのです。それは覚醒者を増やすことです。

自分の使命がこの素晴らしい地球を救うことだと気づき始めている人が、どんどん増えてきていると感じます。先に目覚めた人たちの波動が広がって、ほかの人たちの目覚めを助けていくことでしょう。

今、私たちの意識は目覚め始めています。

私たちの意識が宇宙意識まで広がりつつあるのです。そして、この宇宙にはすでに目覚めている宇宙の仲間がたくさんいて、地球人を助けに来ているのだと思います。

まるで荒唐《こうとう》無稽《むけい》な、とんでもない話だとびっくりする人も多いかもしれませんが、この本の出版には目に見えない世界からの応援もあり、精霊が参加してくださり、メッセージを寄せてくれています。

今、人びとは透明な宇宙意識に目覚めつつあります。人はみな神、創造主の一部であると知り、自分たちがこの地球を守るために生まれてきたことを知っています。

霊性に目覚める人が加速度的に増えていきます。

心配しなくてもよいのです。すべてはよい方向に進むよう、運命づけられているからです。

何があっても大丈夫だと大船に乗った気持ちで、喜びの波動を発して生きていきましょう。

乗り越えられない重要なことはそれほどたくさんありませんし、むずかしく悲観的に考える必要もありません。

ただ、幸せに向かって歩んでいきましょう。

精霊から教えられた、次の3点をどうか心にとめて、幸せな人生を生き、喜びを広めていきましょう。

1　自分自身を知ろう。本当の自分を見つけ、自分のパワーに目覚めよう。

2　自分のパワーに目覚めたら、本当に自分のしたいことをしよう。

3　目覚めて、宇宙の大もとのエネルギーとつながろう。

著者紹介

山川 紘矢（やまかわ こうや）
山川 亜希子（やまかわ あきこ）

作家。翻訳家。紘矢氏は東京大学法学部卒業後、大蔵省に勤務。亜希子氏は東京大学経済学部卒業後、外資系企業に勤務。1986 年に出版されたシャーリー・マクレーン著『アウト・オン・ア・リム』（地勇社）の夫婦での翻訳を機に翻訳家の道へ。以来、『アルケミスト』『聖なる予言』（いずれも角川文庫）など、翻訳する書籍が次々とベストセラーに。また『輪廻転生を信じれば人生は変わる』『人生は奇跡の連続！』（いずれも角川文庫）、『精霊の囁き』（PHP 出版）など、単著、共著とも多数。「精神世界」という書籍ジャンルの牽引役として活躍。人気を博している。

聞き手

磯崎 ひとみ（いそざき　ひとみ）

上智大学卒業後、出版社勤務を経て編集者・翻訳家として活躍する一方、スピリチュアル・リトリートやワークショップを主催、またマインドフルネス瞑想の実践・指導にもあたる。山川紘矢・亜希子夫妻とは、著書の担当編集者として、また夫妻の講演会やリトリートの主催者として、公私にわたって長年、身近に接してきた。

すべては
魂の約束
親子、夫婦、友人、自分自身——
本当に幸せな関係を築くために

2018年11月30日　初版第1刷発行

著　者　山川紘矢・亜希子
　　　　磯崎ひとみ（聞き手）
発行者　東口敏郎
発行所　株式会社BABジャパン
　　　　〒151-0073 東京都渋谷区笹塚1-30-11　4・5F
　　　　TEL　03-3469-0135　　FAX　03-3469-0162
　　　　URL　http://www.bab.co.jp/
　　　　E-mail　shop@bab.co.jp
　　　　郵便振替　00140-7-116767
印刷・製本　中央精版印刷株式会社

ISBN978-4-8142-0172-3 C2077

Design　Kaori Ishii

BOOK Collection

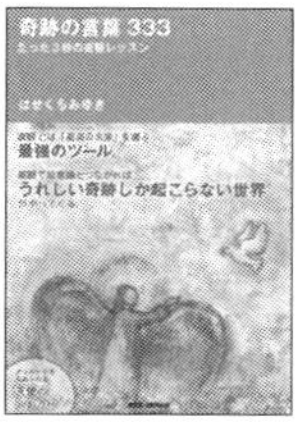

奇跡の言葉 333
～たった3秒の直観レッスン～

直観とは「最高の未来」を選ぶ最強のツール。直観で超意識とつながれば、うれしい奇跡しか起こらない世界がやってくる。この本は、やすらぎと希望が湧き上がり、奇跡を呼び込むための、さまざまなコトダマとアファメーションが 333 個、載っています。その言葉を選びながら、直観力を高めていこうというものです。**メッセージを入れられる天使のしおり付**

●はせくらみゆき 著　●四六判　●368頁　●本体1,400円+税

【恋愛】【結婚】【夫婦関係】【仕事と子育て】が意識を変えると劇的に変わる!

女子の最強幸福論

「人生を思いきり楽しんで、最高の幸福を得る術をお伝えします」 カウンセリングを誌上で再現! 悩める女子たちが輝き出す!! 太陽のように明るいあなたをイメージしてみてください。過去や年齢、世間体にとらわれず 100%自由になったら、もっと自分自身を輝かせることができるでしょう。それがあなたの女性としての、本来の姿です。

●栗原弘美 著　●四六判　●256頁　●本体1,400円+税

科学で解明! 引き寄せ実験集 「バナナ」から奇跡が始まる!

あなたが、本当に"引き寄せ"たい願いは何ですか? お金、恋人、結婚、仕事、幸せな人生…etc 著者は 20 年以上、「引き寄せ」を実践し続けている 2 人。「引き寄せ」とは、急にあらわれるものではありません。実は、毎日の生活の中に当たり前のように溢れています。この本の 7 つの引き寄せ実験を通して、あなたが叶えたい真実の願いが分かり実現します!

●濱田真由美、山田ヒロミ 著　●四六判　●208頁　●本体1,400円+税

未来を視覚化して夢を叶える！

魂の飛ばし方

タマエミチトレーニングというちょっと不思議な修行で世界が変わる! 自分が変わる! 面白いほど夢が叶う究極のイメージトレーニング法。記憶の逆まわし法・視覚の空間移動法・魂飛ばし法・夢見の技法・異邦人になりきる法・絵や文字による夢の物質化など、誰でもできる究極のイメージトレーニングで体外離脱×願望実現。

●中島修一 著　●四六判　●192頁　●本体1,400円+税

すごい! 陰陽五行開運カード
～エネルギーの流れをつかんで運の上昇気流にのる!! ～

毎日楽しみながら、カードを使ってみてください。自然のリズムと同化し、バランスよく日々を過ごせるようになるでしょう。今つらく苦しい想いを抱えている人も、やがて理解できるときがきます。この世には、何もむだがなく、あなたが成長していくためにはすべて必要なピースだったということを。

●寒河江秀行 著　●A5判　●168頁（カード 20 枚付）
●本体1,600円+税

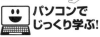

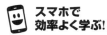

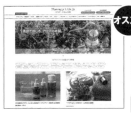